Inspiração

CELSO ANTUNES

Inspiração

O que pode a **escola brasileira** aprender com **modelos internacionais de sucesso**

Edições Loyola

Dados Internacionais de Catalogação na Publicação (CIP)
(Câmara Brasileira do Livro, SP, Brasil)

Antunes, Celso
Inspiração : o que pode a escola brasileira aprender com modelos internacionais de sucesso / Celso Antunes. -- São Paulo : Edições Loyola, 2015.

ISBN 978-85-15-04267-8

1. Educação comparada 2. Educação comparada - Metodologia 3. Escolas - Brasil 4. Planejamento educacional I. Título.

15-01622 CDD-370

Índices para catálogo sistemático:

1. Educação comparada 370

Preparação: Mônica Aparecida Guedes
Capa: Viviane B. Jeronimo
Imagem de © Ziablik/Fotolia
Diagramação: Ronaldo Hideo Inoue
Revisão: Sandra Garcia Custódio

Edições Loyola Jesuítas
Rua 1822, 341 – Ipiranga
04216-000 São Paulo, SP
T 55 11 3385 8500
F 55 11 2063 4275
editorial@loyola.com.br
vendas@loyola.com.br
www.loyola.com.br

ISBN 978-85-15-04267-8

Sumário

Prefácio

O curioso sentido da palavra "inspiração"

Se buscarmos o sentido da palavra "inspiração" em um dicionário etimológico, descobriremos que o significado é o de "introduzir ar nos pulmões", mas também "incutir", "infundir", "penetrar no ânimo" ou ainda "sugerir" e que herdamos essa pequena palavra do latim.

Inspiração é, indiscutivelmente, uma bela palavra, pois alia o sentido biológico de "viver", já que não existe vida se não inspiramos o ar, e expressa também a ideia de "sugerir" ou, de forma mais significativa, de "infundir". Nossos poetas românticos não eram capazes de construir seus versos sem inspiração e sem inspiração outros gênios na arte e nas ciências não chegavam a grandes obras, notáveis mudanças na história. São esses os motivos que levaram o autor ao título deste trabalho.

Abordando o sempre imprescindível e inadiável tema da educação, estas páginas breves apresentam panorama de como esta é desenvolvida em países que se destacam e que, portanto, poderiam sugerir ou inspirar políticos, gestores e educadores em geral para programar aqui as mudanças exitosas realizadas em outros lugares.

Nenhum dos países escolhidos chegou ao patamar alcançado sem mudanças corajosas, sugestivas, mas plausíveis. Acreditamos que a educação brasileira necessite mudar depressa, sabemos que essa mudança é imprescindível, tememos que a pressa possa nos levar a erros e, portanto, inspiramo-nos em exemplos que temos vontade que sirvam de inspirações.

Capítulo 1

Os critérios de escolha dos países inspiradores

Lembro-me, com inspiradora saudade, de minha primeira professora — Lourdes — e de nossa iniciação na aprendizagem aritmética. Antes de levar-nos a desvendar os segredos da soma e da subtração, dizia, sorrindo, que era impossível somar galinhas com galinheiros. Ainda que suas palavras expressassem o óbvio que mais tarde descobriríamos, já nos alertava de que a soma de realidades distintas é sempre tarefa impossível. Qual, por exemplo, o resultado da soma de quatro galinhas com sete galinheiros?

Essa lembrança me alcança na hora de explicar os critérios para a escolha dos países que buscamos como inspiração para a educação brasileira. Cada país, onde quer que se situe, é sempre fruto de originalidade incomparável. A maneira de ser e de pensar de sua gente se alinha à genética social de sua história e às múltiplas circunstâncias de sua geografia. Comparar países, guardando-se a devida proporção, é como querer saber o resultado da soma de galinhas com galinheiros ou ainda outras aferições em que diferenças colossais jamais possam induzir resultados comuns. A China é a China e o Chile é o Chile e se um e outro alcançam atualmente um respeitável patamar no nível em que pensam e fazem escola, por mais similares que sejam seus caminhos para esse alcance, pautaram-se em condições geográficas, históricas, mas também sociológicas e filosóficas extremamente peculiares que tornariam inútil essa comparação. Não podemos esquecer que qualquer *ranking* é uma hierarquização, uma dimensão vertical e que, nesse sentido, pode ser usado como referência que inspira um ou alguns modelos ou estratégias, jamais, entretanto, como um paradigma que possa inspirar integral adesão.

Diante do desafio dessa limitação, cabe ainda outra questão: Por que comparar a educação brasileira com a que se faz em outros países e não as admiráveis "ilhas de exceção" de excelente ensino que ocorrem aqui e ali, no ensino público ou particular, com a maior parte de outros "arquipélagos" de qualidade que nossos filhos não merecem?

Acreditamos que a pergunta tem sentido e, por essa razão, não abdicamos no presente trabalho dessa comparação interna, da validação de modelos próprios para servir como fonte de inspiração para outras múltiplas realidades. Mas pensamos também que essas comparações seriam poucas e que um exame do que "lá de fora" vem com qualidade, por certo, enriqueceria análises apenas nativas. Afinal de contas, não é o Brasil uma admirável mostra mundial de heterogeneidade? Não somos, como já dizia o grande sociólogo e mestre genial Roger Bastide, uma formidável "mesa de comunhão pascal" onde juntos se confraternizam povos distintos, que em outros lugares se digladiavam e que aqui dividem o mesmo pão? (Roger Bastide, em 1938 integrou a missão de professores europeus à recém-criada Universidade de São Paulo, para ocupar a cátedra de sociologia). Não achamos que o bom e tradicional arroz, feijão, bife e batata frita ficarão mais apetitosos se a eles juntarmos o quibe e a lasanha?

Dessa forma, além de belos e exitosos exemplos nacionais em educação de qualidade, outros aqui também acrescentaremos. Mas, nesse sentido, a pergunta subsiste: E os critérios para a seleção desses países? Se é perfeitamente admissível que cada país é portador de singularidades intransferíveis, como trazê-los para nossos exemplos, somar esta vontade de inspiração? A resposta é bem mais simples do que a princípio se poderia imaginar. E essa resposta é simplesmente o Pisa.

Pisa é sigla de uma avaliação mundial na qual alunos de inúmeros países do mundo participam e que, assim, permite comparações. Algo mais ou menos como um Enem mundial, esse exame é uma avaliação trienal de conhecimentos e competências para estudantes de 15 anos, realizada nos trinta países da OCDE e em países convidados. Essa avaliação adota estratégias e metodologia que visam a desenvolver comparações válidas para o desempenho educacional entre países de diferentes culturas e graus de desenvolvimento econômico. Para uma sociedade mundial que já há algum tempo se internacionalizou e que agora se liquefaz (expressão e análise magnífica realizadas por Bauman), as fronteiras políticas tornaram-se apenas rabiscos em cartas geográficas e quem é excelente aluno, por exemplo, na Índia, é aluno excelente na China, no Paraguai ou em Malavi. Afinal de contas, em educação a competência não tem nacionalidade explícita e o bom profissional — seja qual for a área de sua atuação — exerce sua ação profissional em qualquer fronteira. Ou será que soldar ossos no Peru é diferente de ossos soldados na Tailândia? *"A modernidade imediata é 'leve', 'líquida', 'fluida' e infinitamente mais dinâmica que a modernidade 'sólida' que suplantou."* Nas obras de Bauman (ver indicação na bibliografia) descobre-se análise brilhante das condições mutáveis e cambiantes da atual vida social e política.

O exame do Pisa é elaborado com a colaboração de especialistas em educação dos países participantes e estes especialistas possuem vasta experiência no desempenho e execução de sistemas de avaliação. Sua logística de desenvolvimento é administrada por um consórcio internacional liderado pelo *Australian Council for Educational Research* (ACER) da Austrália, o *The Netherlands National Institute for Educational Measurement* (CITO) da Holanda, a *Westat* e o *Educational Testing Service* (ETS) dos Estados Unidos, e o *Japanese Institute for Educational Research* (NIER), do Japão. Colocar em dúvida o valor das avaliações do Pisa significa, mais ou menos como no futebol, acreditar que os jogadores do Bayern de Munique são apenas "profissionais desqualificados" apoiados por uma imensa sorte.

No próximo capítulo vamos aprofundar um pouco mais sobre as características do Pisa, mas já antecipamos para os empedernidos otimistas brasileiros que a posição média de nossos alunos, historicamente, está entre as piores que se pode imaginar. Precisamos melhorar muito, temos que melhorar depressa.

Uma síntese sobre os resultados do último exame do Pisa

Dados coletados em matéria do jornal *O Estado de S. Paulo* — 4/12/2013

Pontuação em leitura		**Pontuação em matemática**		**Pontuação em ciências**	
Xangai (China)	570	Xangai (China)	613	Xangai (China)	580
Hong Kong	545	Cingapura	573	Hong Kong	555
Cingapura	542	Hong Kong	561	Cingapura	551
Japão	538	Taipei (China)	560	Japão	547
Coreia do Sul	536	Coreia do Sul	554	Finlândia	545
Finlândia	524	Macau (China)	538	Estônia	541
Irlanda	523	Japão	536	Coreia do Sul	538
Taipei (China)	523	Liechtenstein	535	Vietnã	528
Canadá	523	Suíça	531	Polônia	526
Polônia	518	Holanda	523	Canadá	525
Brasil	410	Brasil	391	Brasil	405

Leitura
Posição mundial do Brasil: 55º lugar
No continente americano atrás de Canadá (9º), Estados Unidos (24º), Chile (47º), Costa Rica (49º) México (52º) e Uruguai (54º).

Matemática
Posição mundial do Brasil: 58º lugar
No continente americano atrás de Canadá (14º), Estados Unidos (36º), Chile (51º), México (53º), Uruguai (55º), Costa Rica (56º).

Ciências
Posição mundial do Brasil: 59º lugar
No continente americano atrás de Canadá (10º), Estados Unidos (28º) Chile (46º) Costa Rica (51º), Uruguai (54º) México (55º) e Argentina (58º).

Os últimos resultados publicados pela OCDE da avaliação de proficiência dos alunos de 15 anos na resolução de problemas, em 45 países e regiões, infelizmente não trouxeram surpresas.

Os países com melhores resultados são os que também são melhores nas avaliações em ciências, matemática e linguagem. Assim, os países e regiões da Ásia — Cingapura, Coreia, Hong Kong, Taipei — estão nos primeiros lugares, seguidos por países da Europa Ocidental e da América do Norte — Canadá, Finlândia, Inglaterra, França —, com os países latino-americanos e alguns outros na parte inferior, entre eles a Malásia, Emirados Árabes Unidos, Uruguai, Bulgária, Colômbia e, naturalmente, o Brasil. Na Coreia do Sul, por exemplo, 28% dos alunos mostram alto desempenho (níveis 5 e 6); nos Estados Unidos, 11,5%; no Brasil, apenas 1,9%. Nada menos que 48% dos estudantes brasileiros mostram desempenho mínimo ou abaixo do mínimo esperado. São terríveis as implicações desses números para o ensino superior.

Na Ásia, onde os países estão se empenhando para levar algumas de suas universidades à liderança nos *rankings* mundiais de qualidade e pesquisa, a existência de um grande número de estudantes de alto desempenho mostra que estão próximos de fazê-lo, desde que apliquem os investimentos necessários e dotem suas instituições de flexibilidade no uso de recursos. Esta posição, entretanto, não tem sido uma prioridade nos países da América Latina, onde as questões de acesso e equidade têm prioridade. Fica, então, a questão sobre que tipo de formação acadêmica podemos proporcionar para alunos tão mal preparados que chegam ao ensino superior.

Algumas instituições tentam resolver o dilema proporcionando "cursos de recuperação", mas é improvável que isso seja suficiente para compensar as lacunas acumuladas ao longo de muitos anos de atraso. Outra aparente saída seria oferecer educação profissional mais prática e com menos pré-requisitos em termos de competências linguísticas e matemáticas. O problema aqui é que, com poucas exceções, esses países também não acumularam a experiência ou a tradição de trabalho essenciais para oferecer educação profissional de alta qualidade. O que resta é o que está acontecendo na maioria desses países: redução dos padrões de exigência do ensino superior convencional e colocação da maioria dos estudantes em "profissões sociais", que parece resolver a situação do aluno, mas não do país nem de seus anseios de futuro. Ocorre assim verdadeira "derrama" de diplomas, que anula o seu valor, ocasionando que muitos estudantes abandonem seus cursos antes do término ou se dirijam para atividades profissionais de nível médio, apesar de seus diplomas.

Capítulo 2

O que é e como é o Pisa

O Pisa (Programa Internacional de Avaliação de Alunos) é um sistema avaliativo internacional e trienal que apura conhecimentos e competências, aplicado em estudantes de 15 anos de idade, independentemente das séries cursadas. É realizado atualmente nos trinta países da OCDE (Organização para a Cooperação e Desenvolvimento Econômico) e em países convidados. A OCDE, por sua vez, é um fórum internacional que articula políticas públicas entre os países mais ricos e desenvolvidos do mundo, atuando nos setores de economia, educação, saúde, emprego e renda.

Lançado em 1998, o Pisa enfoca em cada edição conhecimentos e competências específicos nas áreas de leitura, matemática e ciências. Além dos testes aplicados para alunos, desenvolve também questionários a professores e diretores das escolas e, a partir dessas pesquisas, produz uma série de estudos com o objetivo de fomentar contribuições visando à formulação de políticas e reformas educacionais.

Considerando a seriedade e o rigor que envolve esse sistema internacional de avaliação, os resultados do Pisa possuem grau de validade indiscutível e propiciam uma excelente visão comparativa sobre níveis da educação em todo mundo. Conversando com estudantes brasileiros que a esses exames se submeteram, ouvimos que não o acharam complicado, mas exigente e, dessa maneira, parece ser tão familiar quanto andar de bicicleta; simples, ainda que desafiador, para quem sabe e, portanto, está matriculado em boas escolas, estuda e se dedica; dificílimo ou impossível para quem frequenta as aulas e as ouve como que enunciadas em russo ou polonês.

Abaixo, mais informações sobre o Pisa e fatores que o credenciam como um referencial escolhido para comparar padrões de educação mundial e fazer destes inspirações para mudanças imediatas e imprescindíveis:

- É o exame territorialmente mais frequente e bem distribuído geograficamente pelo mundo. Em sua última edição, avaliou aprendizagens e competências em mais de quatrocentos mil estudantes de 57 países.
- A finalidade na apuração de resultados e avaliação de questionários passados não é a de apenas estabelecer um *ranking*, mas subsidiar políticas e práticas educacionais que valorizem a aprendizagem transformadora e a efetiva competência para uma coerente e interpretativa leitura do espaço e do tempo vivido pelo estudante, e essencial para os desafios à sociedade do conhecimento.
- A abordagem prioritária no exame busca situar a capacidade do estudante de transferir os saberes apreendidos na escola, mas também de ir além mostrando domínio de habilidades em analisar, comparar, refletir, interpretar, propor e solucionar problemas em diferentes níveis e contextos.
- O exame se preocupa em aferir a capacidade do estudante em transpor e transferir domínios de saberes e competências e, assim, também investigar suas motivações, estímulo à persistência e à autoestima. O exame leva em conta, no desempenho do estudante, suas condições socioeconômicas e culturais e sua relação com as condições da escola que frequenta.

A regularidade do Pisa permite aos países participantes acompanhar e monitorar os progressos alcançados em relação a outros países e exemplificar sistemas de avaliação mais abrangentes, em que não mais se pensa apenas em resultados numéricos aferidos em provas, mas no caráter formativo, global, contínuo, abrangente, diversificado e explícito, como deve ser todo processo de avaliação não apenas para estudantes de 15 anos, mas para alunos de todos os níveis de escolaridade.

Desde o ano 2000, quando de sua primeira edição, o Brasil participa do Pisa e a finalidade, pelo menos quanto a suas intenções, é a de colher dados de qualidade e extrair lições que possam modificar políticas educacionais. A responsabilidade por sua implantação no país é do Inep (Instituto Nacional de Estudos e Pesquisas Educacionais Anísio Teixeira), instituição vinculada ao Ministério da Educação e da Cultura e que também responde pela administração de avalições nacionais como Ideb, Enem e Enade. Se considerarmos a busca de uma referência válida para uma comparação da política educacional brasileira e sua evolução em relação ao que acontece no mundo, o Pisa parece ser essa indiscutível referência.

Outras informações sobre o exame:

- De 2000 até 2009, o Brasil cresceu 33 pontos (368 < 401) e apresentou o terceiro maior avanço da década entre todos os concorrentes, superado apenas pelo Chile e por Luxemburgo. A média nacional evoluiu principalmente em matemática, passando de 334 para 386 pontos (ciências 375 < 405, leitura 396 < 412). Para a OCDE o progresso brasileiro deve-se à combinação de maiores investimentos, aplicação sistemática de instrumentos de avaliação internos e melhoria de salários para os professores.

Mesmo considerando essa tímida melhoria, para essa organização, o Brasil ainda derrapa no *ranking* total e ocupa apenas a 53ª colocação entre 65 participantes, ficando bem abaixo de países como Chile, Trinidad-Tobago, Colômbia, México e Uruguai. Parece cada vez mais difícil alcançar a meta planejada pelo Ministério da Educação de atingir em 2021 o patamar dos países desenvolvidos (477 pontos).

- Os resultados do Pisa no Brasil destacam a grande disparidade entre as escolas públicas (387) e as escolas particulares (502). As ações positivas, ainda que tímidas, que contribuem para o progresso no Pisa são: implantação de currículos estruturados, critérios de desempenho por mérito na carreira docente, ênfase na alfabetização nos anos iniciais e ampliação da oferta na educação infantil. Além disso, a discussão do Plano Nacional de Educação e a Lei de Responsabilidade Educacional são outras ações positivas.

- A comparação da educação da maneira como é desenvolvida no Brasil e de como é realizada em outros países bem situados nos exames do Pisa mostra algumas medidas externas que sugerem a possibilidade de dar bons resultados aqui. Por exemplo: em Xangai, uma escola com bom desempenho assume uma escola deficiente. Os melhores professores, com base no desempenho dos estudantes, são responsáveis pela formação continuada de outros docentes. No Chile se instituiu um professor-tutor por classe com a finalidade de atender especificamente alunos que encontram dificuldade em acompanhar os demais. Na Finlândia, em toda escola existe um profissional encarregado de atender alunos de todas as séries e que apresentam dificuldades específicas em relação aos demais. Um ponto que parece ser essencial ao Brasil é o aumento da jornada escolar. Nossos alunos do ensino médio, por exemplo, têm menos de três horas diárias de aula, em contraposição à média dos países da OCDE, de seis horas.

Capítulo 3

Os fatores essenciais na diferença entre países bem e mal colocados

O desempenho dos estudantes nas avaliações do Pisa destaca em um primeiro e rápido olhar a grande distinção entre os países que apresentam bons resultados e os que apresentam desempenho insatisfatório. O anseio natural e imediato dos segundos é que o quanto antes possam se igualar aos primeiros, melhorando a qualidade do ensino. Mas é importante realçar que essa eventual melhoria numérica é extremamente complexa e, por si só, não resolveria o problema de desempenhos fracos, uma vez que o sucesso ou insucesso escolar se explica por uma intricada conjunção de fatores, muitos dos quais não dependem especificamente das atividades escolares fomentadoras de uma boa aprendizagem. Entre esses fatores, os seguintes são os mais relevantes, ainda que não únicos, e cada um deles em especial liga-se a inúmeros outros cuja superação sugere uma ação sistêmica e intencional.

A síntese seguinte esboça essa análise:

- **Histórico familiar**
  À primeira vista parece não existir uma relação direta entre o baixo desempenho em uma escola e um ambiente familiar pouco privilegiado por seus alunos, mas quando esse histórico leva em conta

o nível econômico, social e cultural do estudante e de seus pais, o peso desse fator é extremamente relevante. No Brasil, por exemplo, em raras escolas nas quais alunos de níveis econômico e cultural com diferenças muito acentuadas frequentam os mesmos cursos e as mesmas aulas, são evidentes as diferenças de desempenho dos estudantes, privilegiando sempre os que trazem de seu lar um clima de convívio cultural mais profícuo, intenso e desafiador.

- **Situação socioeconômica dos países participantes**
  Países que se destacam de forma exponencial pelo desempenho de seus estudantes apresentam grau de desigualdade social e econômica moderado, muito diferente do observado entre os países onde essa desigualdade de renda e de cultura é extremamente marcante. No Brasil, existem admiráveis "ilhas de exceção" entre famílias pobres e com excelente desempenho escolar de seus filhos, mas essas condições não permitem que se acolham generalizações. Quanto maior a projeção socioeconômica de uma população, bem mais destacado costuma ser o desempenho de seus alunos.

- **Uniformidade ou heterogeneidade das populações estudantis**
  Entre os países participantes do Pisa existem alguns que apresentam população estudantil relativamente homogênea e existem inúmeros outros em que essa população é cultural e economicamente heterogênea. Países como o Brasil e outros com características socioeconômicas heterogêneas apresentam desempenho estudantil médio expressivamente inferior ao de países onde é maior a uniformidade cultural e socioeconômica.

- **Seletividade acadêmica**
  Países onde ocorre uma sistemática seletividade dos estudantes por escolas sempre se destacam em relação a outros em que esse atendimento não implica qualquer seleção prévia. No Brasil, esse fenômeno se mostra extremamente relevante e escolas gratuitas, mas com procura e seleção muito acima das vagas oferecidas (instituições militares ou vinculadas a universidades estaduais e fede-

rais), apresentam alunos com desempenhos superiores a outras instituições sem essa seletividade e que acolhem os alunos levando em conta apenas seu histórico escolar.

- **Tempo de permanência na escola e carga horária**
Entre os países mais bem classificados nos exames do Pisa, o tempo médio de aprendizagem das disciplinas proporcionado por meio de aulas regulares nas escolas, por semana, é geralmente três a quatro vezes superior ao tempo de aulas proporcionado aos alunos em escolas de países menos bem classificados. De maneira geral, estudantes de escolas com uma hora semanal adicional de aulas regulares tendem a apresentar escores sempre mais altos que outros com carga horária reduzida. Influi também de maneira expressiva o tempo habitualmente dedicado por alunos em tarefas de casa suscitadas pela escola.

- **Recursos disponibilizados para a ação educativa**
Os investimentos nacionais voltados para a educação representam fator relevante para o sucesso educacional, ainda que não possa ser considerado um fator essencial. Investir muito é importante e demonstra consciência sobre o futuro do país, mas gastar bem e saber investir constituem procedimentos bem mais significativos. Em geral, os países mais bem situados investem principalmente na educação infantil e nos ensinos fundamental e médio, enquanto alguns países mal situados invertem a ordem desses investimentos. Não há como negar que a proporção de professores, computadores e outros recursos por alunos pesa de forma significativa no expressivo destaque classificatório de alguns países como, por exemplo, a Coreia do Sul e a Finlândia.

- **Escolas públicas ou privadas**
No Brasil, é muito significativa a diferença quanto ao desempenho de alunos matriculados em escolas públicas ou particulares, bem menos pelas características de esta escola vincular-se ou não ao governo e muito mais pela forma como acolhe e ampara a educação nacional. Em países como Austrália, Canadá, Coreia do Sul

e Japão (sempre muito bem posicionados no *ranking* do Pisa) cerca de 20 a 25% dos estudantes de 15 anos estão matriculados em escolas privadas, enquanto na Finlândia essa proporção cai para apenas 3 a 4% dos alunos, e o desempenho destes nos exames se reafirma como o primeiro entre os países ocidentais.

- **Qualificação docente**
  A qualificação da equipe docente, bem ao contrário da autonomia das escolas, por sua vez, representa fator determinante no desempenho do aluno nos exames. A falta de professores qualificados ou a existência de docentes mal qualificados pesam de forma significativa no desempenho dos estudantes, sobretudo em avaliações referentes a ciências e matemática. A capacitação docente em leitura se faz ainda mais expressiva quando o interesse dos alunos é ratificado por ações familiares.

- **Envolvimento familiar**
  O desempenho escolar dos alunos reflete de forma extremamente sensível a cobrança de resultados e de elevação dos padrões de ensino na escola, por parte de pais. Quando a família se integra de forma ativa e participativa no processo de ensino, assume sua imprescindível ação complementar nas lições de casa e se faz instigadora e promotora do sucesso da escola frequentada por seus filhos, esse desempenho se apresenta como muito significativo. Na Finlândia, por exemplo, cerca de 80% dos alunos contam com famílias plenamente integradas na cobrança por uma qualidade de ensino sempre em ascensão.

A diferença cultural e geográfica entre os países é enorme e a comparação entre países quanto a seus desempenhos internacionais no aspecto econômico ou cultural não pode negligenciar essas peculiaridades. Essa diversidade, entretanto, não impede que algumas práticas comuns mostrem relativa universalidade quanto ao sucesso dos alunos em seu desempenho escolar e, consequentemente, o valor da transferência dessas ações, desde que devidamente adaptadas às realidades nacionais. A criação e expansão do Pisa sempre visou a levar em conta essas diversidades, mas, ainda assim, não descarta a ideia de que a qualidade de ensino pode ser expandida em qualquer país que aprenda com outros. Jamais, como atualmente, se tornou tão importante pensar-se educação em termos globais e tão comum a presença de profissionais que, devidamente qualificados em suas escolas, exercem suas atividades em países distantes de onde foram formados. Desaparece definitivamente do cenário escolar mundial a ingênua suposição de que um país não pode aprender com outro e se consolida a certeza de que uma boa educação, tal como a boa saúde, constitui um direito humano inadiável e universal.

Capítulo 4
Como é a educação na China

I. A educação na China

Abrigando mais de um bilhão de pessoas — uma em cada sete que habitam nosso mundo —, a República Popular da China é o mais populoso país do mundo. O mandarim é a língua oficial do país, mais de 40% da população declara não ter qualquer religião e a taxa de analfabetismo no país — mais da metade da população décadas atrás — era de somente 7% em 2008 e continua caindo. Desde 1949, o país é governado pelo partido comunista chinês, que não aceita a ideia de oposição e que exerce poderosa influência na questão de empregos, nas casas, no número de filhos por casal e, como não poderia deixar de ser, na educação. Pequim é a capital do país, abriga mais ou menos como a região metropolitana de São Paulo, cerca de vinte milhões de habitantes e representa um verdadeiro microcosmo da China onde se alternam contradições que oscilam da modernidade ao primitivismo. A circulação pela cidade é extremamente caótica e pode ser feita através de metrô, táxis muito baratos para valores brasileiros e ônibus sempre abarrotados.

No Pisa, que é realizado a cada três anos pelas Nações Unidas, a China se destaca e, desde a educação infantil, existe quase uma obsessão nacional para que os alunos se saiam bem em exames como esses e outros mais. Com cerca de duzentos milhões de estudantes, o país possui a maior rede de educação implantada no mundo e o sistema educacional é a "menina dos olhos" do governo, estimulando estudantes a frequentar boas universidades, onde quer que estas estejam. O ensino divide-se em infantil, primário, secundário e superior e os dois primeiros são obrigatórios e devem ser completados até os nove anos. O nível de ensino é extremamente exigente e os pais pagam apenas despesas de livros e materiais didáticos. Começam a surgir escolas particulares, mas atualmente o ensino público é o mais valorizado.

A rotina escolar do chinês, sobretudo desde o início da adolescência, é extremamente severa: as aulas se iniciam às 8 horas da manhã e vão até por volta do meio-dia, há uma pausa de uma hora para o almoço geralmente servido na própria escola, e, depois, reiniciam-se as aulas até às 17 horas. Os alunos vão para casa, descansam um pouco, jantam e invariavelmente retornam aos estudos e lições por mais três horas. Muitos alunos possuem aulas de reforço, geralmente ministradas aos sábados e domingos, e para a garotada chinesa estudar é uma diferente forma de diversão. Entrar em uma universidade é tarefa dificílima e a nota do aluno no exame nacional de admissão universitária, o Gao Kao, determina a universidade na qual será o aluno aceito. Meritocracia é uma tradição chinesa desde o século VII.

As escolas chinesas são simples, limpas e silenciosas, todas as salas de aula exibem portentosa bandeira nacional, professores jamais abrem mão de *PowerPoint* e *softwares* atualizados, e, antes de serem liberados das aulas, os alunos organizadamente tratam de deixar a sala limpíssima. Não se aceita ideia de atraso para professores e alunos e durante as aulas não existe qualquer indisciplina, "turmas do fundo", ou necessidade de cuidados com a disciplina por parte do professor. Não existem chamadas e uma vez por dia um funcionário escolar passa pelas salas de aula e, se constata alguma ausência, imediatamente entra em contato com a família.

O salário do professor chinês não é nada atraente. Nos três primeiros anos de carreira situa-se entre 400 e 500 dólares por mês, quase a metade da renda salarial média em Pequim, mas muitos podem contar com mais recursos ministrando aulas particulares. As diferenças na carreira docente entre a China e o Brasil começam na formação do professor, em que a prática em salas de aula é exercitada intensivamente, quando o futuro docente acompanha aulas em escolas regulares duas vezes por semana durante oito semanas e depois faz estágio de meio ano no penúltimo semestre de seu curso. Além disso, em todas as escolas existe um esforço coletivo e constante de se pesquisar e aprender o que se faz em educação em outros países e inspirar-se nessas ideias para atividades práticas.

Após diplomado, passam obrigatoriamente a integrar um "grupo de estudos docentes" que parece ser uma das mais exitosas inovações na educação chinesa. Cada professor toma parte em três grupos de estudo: um com os colegas que ensinam a mesma matéria para a mesma série e que uma vez por semana se encontram para preparar aulas; o segundo grupo com encontros duas vezes por mês constituído por colegas da mesma disciplina de todas as séries da mesma escola e no qual se discute a continuidade curricular; e o terceiro constituído por professores da mesma disciplina e série de seu bairro, que também se reúnem duas vezes por mês e compartilham práticas de ensino de sucesso. Somado os três grupos, a trabalheira é cansativa, mas os resultados são excelentes. Com a formação acadêmica prática e com essas reuniões em grupo sistemáticas e obrigatórias, as melhores estratégias de aula são rapidamente compartilhadas por toda a rede. A vontade de crescer e se superar encontra amparo na solidariedade entre todos.

II. Por que Xangai e não toda a China? — Um breve passeio pela geografia

A China abriga três condições particulares que a tornam um país muito diferente dos demais países destacados nesses estudos. A primeira condição advém de sua formidável população absoluta. Verdadeiro "formigueiro humano" sem paralelos possíveis ou imagináveis, possui cerca de quatro vezes a população dos Estados

Unidos e cerca de sete vezes a população brasileira, em área territorial ligeiramente maior, mas com inúmeras extensões impossíveis de serem habitadas. Somente o gigantismo desses números seria suficiente para caracterizá-la como um país singular e, assim, escolher uma de suas regiões e não o país inteiro como elemento de comparação. A segunda razão advém do fato de ser país de extremos contrastes, onde, em um mesmo espaço territorial, convivem populações tecnologicamente no século XVIII ou XIX com outras que estão entre as mais avançadas do século XXI. (Em 2009, cerca de 150 milhões de habitantes viviam abaixo da linha de pobreza e com renda média de mísero 1,25 dólar por dia.) Nesse contexto, se é verdade que Xangai não é toda a China, por outro lado buscar-se uma improvável "média" de como são as muitas "Chinas" dentro do país é sempre apresentar um retrato deformado e irreal. Em terceiro lugar, a China é uma ditadura comunista em que normas governamentais são impostas sem contestações e, assim, é mais fácil promover reformas educacionais que em países democráticos onde não ocorrem mudanças sem negociações, acordos sem concessões. Assim, pois, perceber como é a educação em seu centro mais adiantado e mais desenvolvido oferece propostas de comparações e de análises muito mais realistas que supor que essas peculiaridades não sejam relevantes. Nesse contexto, pensamos que comentar a política educacional de Xangai oferece parâmetros muito mais concretos e bem mais comparáveis com o que apresentam nações como o Brasil, Chile, Canadá, Finlândia e Coreia do Sul. Acreditando que a justificativa seja aceitável, destacaremos aspectos da educação nesse significativo e importante "fragmento" do formidável mosaico chinês, precedidos de breves comentários sobre a maneira como se pensa educação e a forma como se olha o professor chinês.

III. A educação em Xangai

A China, do ponto de vista de sua enorme população, era um "nada" educacional até o ano de 1949, com a fundação da República Popular da China. Antes desse período e desde milênios abrigava em seu seio sábios extraordinários e intelectuais criativos, mas como pontos de extraordinária exceção em meio a camponeses e pescadores analfabetos, que representavam cerca de 80% da população absoluta. Desde quando se fez um país comunista e, portanto, de partido único, a educação começou a ser vista como uma questão de Estado e se implantaram sistemas educacionais para todos, e essa visão ainda mais se intensificou com uma política de abertura e reformas no final dos anos 1970. O resultado do que aconteceu no país vai muito além de toda a abrangência que no Ocidente se dá à palavra "milagre". Eis alguns de seus aspectos, com dados de 2009, passados oficialmente:

- A taxa de analfabetismo entre 15 e 45 anos caiu para apenas 3,58% da população. Jamais se pensou em computar o analfabetismo em mais velhos por prevalecer a ideia de que importava investir em quem tem mais tempo para viver e trabalhar.
- A China investe menos de 4% de seu PIB em educação, proporção inferior ao gasto brasileiro, mas gasta muito bem e jamais se sentiu constrangida com a possibilidade de copiar conquistas educacionais exitosas realizadas por outros países.
- No último Pisa, a OCDE classificou os cinco principais países com base nas provas de avaliação em leitura, matemática e ciências, e Xangai conquistou um primeiro lugar com alguma folga sobre outros países "feras" como Coreia do Sul, Finlândia e Cingapura. Em 53º lugar estava o Brasil.
- Nada menos que 99,5% das crianças em idade escolar frequentavam escolas e 98,5% destas continuavam seus estudos em escolas secundárias. Em um país ditatorial, o acesso à escolaridade não é opção. É lei.
- Contra apenas 120 mil estudantes que, em 1949, estudavam em curso superior, o país apresentava, sessenta anos depois, uma taxa bruta de matrícula de 80% e que alcançava 100% nas maiores cidades.
- O número de pessoas com nível superior superava o limite de oitenta milhões em uma população total de um 1,4 bilhão, isso sem contar que mais de 180 mil chineses estudavam no exterior.

- Na última década, o número de alunos universitários cresceu dez vezes, enquanto os índices de analfabetismo caíram de 22,8% para 5,7%. O país "exporta" seus estudantes para aprenderem lá fora o que ao voltar praticam.
- De acordo com o *Education Travel Magazine*, em outubro de 2010, os estudantes chineses representavam nada menos que 13% dos estudantes estrangeiros na Inglaterra; 25% no Canadá e Austrália e 15% nos Estados Unidos.

Resultados como esses em países populacionalmente pequenos e com áreas territoriais restritas já seriam excepcionais. Em um país como a China constituem revelações realmente assombrosas, ainda que importa realçar que a qualidade educacional chinesa não é uniforme e que Xangai e Pequim, pelo menos por enquanto, expressam uma realidade que ainda se pretende estender a outras regiões desse imenso país.

IV. O que significa "educação" na cultura chinesa

Muito embora a influência da história de um país possa parecer pouco relevante para a compreensão de sua contemporânea personalidade cultural e de seus pensamentos éticos, as marcas do passado são indeléveis. Podemos, por exemplo, não nos lembrar de nossos primários conhecimentos de genética, mas mesmo ignorados sabemos que são eles que explicam por que é tão linda a loira alta e sorridente que apresenta anúncios na TV e é tão risível o simpático motorista baixinho que nos leva em seu táxi. De forma mais ou menos semelhante como a influência genética define as linhas corporais do presente, as bases e raízes históricas mostram como os conceitos de educação e sua validade podem variar de um país para outro.

Herdeira de uma colonização que outra coisa não pretendia em seus anos de conquista que o rápido enriquecimento a todo custo e habitada por uma brava e corajosa gente, mas muito distante do que a colônia tinha culturalmente de melhor, é compreensível que a maior parte da população brasileira imagine que outras culturas são "mais ou menos" iguais à sua. Não é verdade e, assim, compreendê-las exige esforço contrário a essa forma de pensar. Enquanto para nós a cultura erudita era privilégio de uma elite e nada mais que um adereço de segunda ordem na escala social, a valorização da educação está como que incorporada à "genética" chinesa e, assim, milhares de anos antes de o Brasil vir a ser descoberto já prevalecia a consciência da importância integral da formação humana e da essencial competição para qualquer sonho de ascensão econômica e cultural. Ainda se vivia o século XIX e era o Brasil um país que acreditava ser a educação das massas desimportante, enquanto era extremamente popular na China o estudo na escola e em casa e a consciência de que se dedicar aos estudos e sair bem nos exames era a razão mais forte para o orgulho da família e o sucesso profissional.

Com a chegada da ideologia socialista por meio da chamada Revolução Cultural, entre 1966 e 1976, percebeu-se desgastar o sistema educacional vigente, inclusive com o fechamento das escolas tradicionais, mas a consciência da importância da cultura não se escondia, mesmo com todo o ritual de adoção ao todo-poderoso ditador Mao. Com o fim do maoísmo, entretanto, as sementes do valor da educação para todos e perene se mostraram vivas, e o país promoveu expansão formidável da educação básica. Era essencial recuperar o tempo perdido e levar escola para todos, mesmo nas mais distantes províncias.

Superada a etapa quantitativa de educar todos, já no século XXI a China empreende uma formidável jornada qualitativa, que inclui também a educação superior. Admitindo que os tempos fossem outros e que mesmo em país de partido único já não mais havia sentido o culto da personalidade pessoal, se estabelece a obrigatoriedade do ensino de nove anos e o fim da imposição de cartilhas e livros únicos que misturavam instrução à politização. A revisão da Lei de Educação Compulsória passa a estabelecer cotas de investimentos do governo central a municípios e províncias com o firme propósito de revitalizar a ideia da importância integral da cultura como único meio de progresso social. Em função dessas reformas, todo professor que já era encarado como figura de incontestável respeito passou a enfrentar novos desafios que somente os mais qualificados poderiam superar. Em todo o país, atualmente, os professores são classificados em quatro níveis e a passagem de um para outro envolve:

- ministrar aulas atraentes e compromissadas com o ensino significativo e protagonístico e capazes de permitir a associação entre os conteúdos apreendidos pelos alunos e sua relação com o país e o mundo, ainda que a ideia de "decoreba" prevaleça. Observadores externos acompanham essas aulas e avaliam o docente;
- demonstrar solidariedade aos colegas novos e estagiários ajudando-os com práticas significativas e estudos intensivos;
- publicar artigos em jornais e revistas sobre a educação de maneira geral ou práticas de ensino específicas.

Outra prática sugestiva é que todos os funcionários dos órgãos públicos responsáveis pela educação comecem sua carreira como professores-auxiliares e, dessa forma, o que no Brasil denominamos "chão de escola", isto é, a vivência real e prática dos desafios do cotidiano e da relação professor-aluno é comum a todos que se ligam à educação. Assim, os "burocratas do ensino" — uma das ervas daninhas do ensino no Brasil — carregam em suas experiências a tarefa de terem ensinado e sido, por essa prática, constantemente avaliados. Essa responsabilidade que envolve todos os professores do país, entretanto, impede que o número de docentes seja, atualmente, suficiente. Em inúmeras áreas rurais muitas aulas são ministradas por professores de formação ainda incompleta. Em Xangai e Pequim, a profissão de docente é anseio de quase todo jovem, tanto pela consideração que o país historicamente sempre teve pela cultura como também pela oportunidade de ampliar o salário com aulas particulares, muito solicitadas. Outra figura de projeção e respeito é o diretor de escola que, além de múltiplas funções que envolve como elo entre alunos, professores, pais e funcionários não docentes, jamais deixa de observar as aulas e o desempenho de cada um dos docentes.

Sempre que a atualização permanente — uma preocupação constante dos currículos chineses — impõe mudanças curriculares, existem encontros obrigatórios para uniformização de estratégias; os novatos são desafiados e observados por colegas mais experientes e por professores seniores, que nessas circunstâncias atuam como mentores. A jornada escolar diária é de oito horas e os finais de semana são reservados para a preparação dos alunos para os exames. Além dessa intensidade, as famílias em Xangai, quando podem, contratam professores particulares para acompanhar o desempenho de seus filhos.

Algumas das diretrizes atuais (2010) da reforma educacional chinesa definem como eixos e metas centrais para os próximos anos:

- a universalização da pré-escola para crianças de quatro a cinco anos;
- o atendimento individual a alunos com dificuldades específicas e o respeito às diversidades;
- desenvolver uma abordagem curricular mais voltada à interdisciplinaridade;
- a mudança progressiva no estilo dos exames, diminuindo a ênfase à memorização e aumentando o destaque no desenvolvimento de competências básicas (leia no Apêndice uma pequena crônica sobre o tema) e solução de problemas.

Antes de prosseguir essa breve análise, parece importante insinuar uma provocação em que se compare o que se viu com o que aqui se faz: mesmo considerando a enorme diversidade cultural entre o Brasil e um país do Oriente, não parece que as boas lições chinesas sejam assim tão distantes como propostas para redes municipais e escolas particulares do país. Alguns itens podem com facilidade sugerir ideias de mudanças e estas envolvem a carga horária para os alunos, a função explícita de diretores de escola, a atenção e supervisão ao trabalho docente, a ênfase a competências e interdisciplinaridade e, sobretudo, ao binômio supervisão-promoção que envolve a carreira do professor. Parece que para aqueles lados não se fala em "diploma com validade infinita", "professores intocáveis quanto à qualidade de seu trabalho desde que prestaram concursos", "palpiteiros fazendo discursos sobre educação", "diretores distantes da realidade das aulas", "crianças e adolescentes esmagados pelo peso de cargas insuportáveis" e outros temas corriqueiros por aqui. Não se poderia, por exemplo, tentar em alguns municípios brasileiros o diretor da escola dispor de poderes para montar sua equipe docente e administrativa e, após algum tempo e coerente avaliação, ser substituído caso não alcançasse as metas que projetou?

E aqui se fecha o quadro comparativo: a China não se livrou completamente de algum autoritarismo oficial e da imposição de normas de culto à personalidade, mas a base da consciência crítica e que vinha de milhares de anos fez com que essa breve fase não pudesse contaminar a certeza de que a educação é a essência da pessoa. Hoje em dia no Brasil essa certeza constitui uma realidade que não se discute; mas é certeza fragilizada por sua pouca antiguidade histórica e, infelizmente, pelas múltiplas e diárias provas de que existem muitos caminhos para a ascensão social e econômica e que a educação é apenas um caminho. Pior ainda: o mais difícil.

V. Xangai — as características da educação básica

Xangai é a mais populosa cidade da China e seu maior centro de negócios. Abriga uma população de cerca de vinte milhões de habitantes e que, portanto, equivale a pouco mais que o número de habitantes do estado de Minas Gerais. Sua população corresponde apenas a 1% da população do país, mas sua contribuição para o PIB nacional equivale a 20%. Nas avaliações do Pisa de 2009, classificou-se em 1º lugar e importa destacar que sendo apenas uma cidade, embora com a condição de Província, sua população absoluta supera nada menos que a de 26 dos 27 estados brasileiros (apenas a população do estado de São Paulo é maior que a de Xangai) e, portanto, apresentou um Pisa admirável para uma multidão de alunos.

Como entender esse resultado escolar espetacular em um exame analítico e interpretativo, quando constitui uma tradição no Oriente o destaque à memorização e à aprendizagem mecânica?

Segundo pesquisas de técnicos da OCDE, uma das mais marcantes características da sala de aula para a educação básica em Xangai é o protagonismo dos alunos, isto é, estudantes que não se fazem espectadores de discursos docentes, mas se ocupam o tempo inteiro, participam integralmente e são desafiados a solucionar problemas em diferentes áreas de ensino, sempre fazendo deduções a partir de fatos expostos. Não há aula sem lição de casa e esta, efetivamente, complementa o aprendizado, e a participação familiar nas atividades escolares do filho é ampla e irrestrita.

Nem sempre, entretanto, foi assim.

Xangai, como toda a China, viveu os duros tempos do maoísmo e da temível Revolução Cultural. Mas, após essa fase, reformas educacionais lúcidas e bem conduzidas foram progressivamente mudando as bases e diretrizes da educação. Entre as boas mudanças trazidas por essas reformas, destaca-se a possibilidade de os alunos escolherem currículos de seu maior interesse, entre três propostas oferecidas. Além de cursos dos quais todos os alunos necessitam participar, são sugeridos os cursos eletivos, em que se enfatizavam habilidades individuais, e os cursos extracurriculares, em que os alunos podem selecionar temas para pesquisa de maior interesse.

A segunda etapa dessa reforma (1988) integrou as ciências naturais às humanidades e ainda o enfoque para que todas as aulas se voltassem para desenvolver no aluno a capacidade de memorizar, mas também de pensar, criar, conquistar autonomia intelectual e valorizar conteúdos ligados ao desenvolvimento social, qualidade de vida, relações interpessoais e cooperação e participação social ativa.

Se o olhar oficial se volta para os alunos e sua participação, não se desviava dos professores, exigindo diplomas específicos para o ensino primário e curso superior e certificação profissional para professores do nível secundário. Conquistar o mestrado docente é uma obsessão nacional e todos necessitam dedicar 240 horas de sua jornada durante cinco anos às novas aprendizagens e ao desenvolvimento profissional. (Leia no Apêndice uma crônica sobre esse tema.)

Uma estratégia simples e funcional para aumentar o preparo docente vem apresentando ótimos resultados e seria impossível imaginar o que impediria que fosse a mesma colocada em prática no Brasil. As escolas, em geral, possuem poucas séries (geralmente quatro) e muitas turmas por série; consequentemente, não é possível um professor para todas as turmas. Para garantir uniformidade no ensino são constituídos grupos de estudos de professores que ensinam a mesma disciplina e série. Estes professores se reúnem, pelo menos uma vez por quinzena, para trocar experiências e planejar aulas e, portanto, não apenas garantir unidade, mas, principalmente, para que os menos experientes tenham modelos nos quais se inspirar. Mensalmente, os professores da cidade se reúnem por disciplinas que lecionam e assistem a uma "aula-modelo" de um professor sênior, ou de outro que tenha se destacado por ministrar a aula avaliada como sendo a melhor. Além disso, as escolas que apresentam melhor desempenho tornam-se "tutoras" das escolas mais fracas ou, ainda, de um agrupamento de escolas de pior desempenho em uma região. Essa tutoria envolve o encaminhamento de professores e gestores experientes, mais ou menos como se uma grande equipe de futebol emprestasse alguns craques para que em algumas partidas ajudassem equipes ameaçadas de rebaixamento.

Essas ações são sempre positivas, mas nem por isso inéditas no Brasil. No município de Pedra Branca, no Ceará, por exemplo, quando a escola identifica, por meio de avaliações contínuas, que um professor consegue ensinar determinados conteúdos em que seus colegas têm dificuldades, esse docente é selecionado para apoiar os colegas, explicando e demonstrando de forma prática seu método para os demais. Não é ação de uma ou outra escola, mas política desenvolvida para todas as escolas do município pela Secretaria Municipal de Educação.

Esses mesmos olhos governamentais, no final dos anos 1990, preocuparam-se com a melhoria das condições físicas das escolas. O tripé "alunos entusiasmados, professores preparados e atualizados e condições razoáveis em salas de aula de toda a província" acabou levando Xangai a esse patamar no Pisa.

Nada do que foi feito em Xangai mostra distância insuperável do que pode ser feito por estados ou municípios brasileiros, ainda que essa província chinesa disponha de situações, infelizmente, intransferíveis para nossa terra. Uma delas é a forte tradição disciplinar herdada de uma história de sacrifícios e de uma filosofia de renúncias; além disso, é país de partido único, fechado, e de poder centralizado, e, embora com uma visão capitalista de mercado, prevalece como senso comum a certeza de que toda contestação somente é aceita — quando aceita — com sólida argumentação. Em outras palavras, a competência educacional para alunos e seus pais, professores e gestores não é fator de sorte; é condição única de prosperidade pessoal e social. Abaixo, outras peculiaridades da educação em Xangai:

- As autoridades educacionais de Xangai consideram a educação fator fundamental para o desenvolvimento da economia local e a qualidade da educação básica essencial para todos. Assim, os migrantes de outras partes da China e que sempre se somam à população local são acolhidos e integrados rapidamente a níveis técnicos considerados essenciais ao desenvolvimento profissional. Não se sugere algo como um sistema de educação de jovens e adultos, mas a consciência de que conquistar o emprego implica matricular-se em escolas e cursos de capacitação. Em 2006, as crianças de famílias migrantes representavam 21,4% do total da população estudantil na educação básica.
- Nada menos que oito em cada dez crianças em Xangai frequentam aulas de reforço após o horário escolar convencional para se preparar para os exames públicos e que determinam o estágio seguinte da carreira educacional de cada um. Mesmo os alunos com desempenho muito bom frequentemente participam dessas aulas que são oferecidas em escolas particulares. Não são poucos os estudantes que ainda frequentam cursos complementares de dança, artes marciais, música e outros, também ministrados em escolas particulares, mentalidade diferente da brasileira, em que não é raro pais reclamarem contra a sobrecarga de estudo de seus filhos.
- A oferta de ensino superior em Xangai mostra-se suficiente para atender a demanda e geralmente costuma, juntamente com Pequim, atrair os melhores alunos do país para suas universidades. Os alunos que migram e são graduados nas universidades de Xangai recebem autorização para permanecer e trabalhar na cidade, privilégio muito valorizado.
- Xangai é também verdadeiro "laboratório" de experiências educacionais para comunidades carentes ou com elevados índices de criminalidade. Um desses experimentos, conhecidos como "es-

colas de sucesso", vem mostrando resultados muito expressivos. Outra mudança exitosa ocorreu com a reestruturação dos exames públicos que, tornando-se diferentes do que é comum no restante do país, passaram a se afastar de uma linha essencialmente conteudística e a explorar atividades voltadas a habilidades, competências e solução de problemas. Foram extintas questões do tipo múltipla escolha e passou a se destacar a capacidade dos alunos de usarem seus conhecimentos para solução de problemas e elaboração de ensaios críticos voltados à realidade geográfica e à leitura do mundo e suas transformações.

VI. Inspiração

Considerando-se ser um país comunista, a China surpreendeu o mundo pela ousadia e arrojo das inovações educacionais em Xangai e, sobretudo, a vontade de fazer dessas experiências um verdadeiro laboratório para que inspirasse outras em outras partes do país. Entre os resultados que de imediato se podem aferir dessas inovações, merecem destaque a existência de um movimento para diminuir a pressão de exames nacionais, uma estrutura curricular inovadora, a centralização das aulas e avaliações em aferir competências e habilidades que estimulem o raciocínio crítico do aluno, o apoio às famílias para que invistam na educação dos filhos e, finalmente, a clareza com que se torna pública a todos a classificação das melhores escolas de ensino médio. Considerando-se esses itens, constatam-se duas realidades:

- mesmo sendo um país politicamente fechado, a China não hesitou em fazer de uma de suas províncias um laboratório de experiências educacionais inovadoras, desde que êxitos eventuais acabassem por se transformar em modelos de aplicação nacional. Ao contrário do Brasil, na China parece não existir a "quase obsessão" em se buscar uma plena uniformidade nacional e, assim, por se desejar um progresso integral, destaca-se diante de uma mobilidade sempre mais difícil;

- o apoio governamental, inclusive com ajuda financeira, para envolver a família à escola e à educação integral de seus filhos — diferente da realidade brasileira, em que toda ação interventora da família é sempre encarada como decisão voluntária dessa família. Família e Estado praticamente "falam a mesma língua" e esta tem como enfoque o futuro e como objetivo imediato o sucesso e a felicidade dos filhos.

Capítulo 5

Como é a educação na Coreia do Sul

I. Breve passeio pela história recente e pela geografia da Coreia do Sul

É extremamente auspiciosa a visão geográfica e econômica da Coreia do Sul nos tempos de agora. Constituída pela divisão do território da Coreia após a Segunda Guerra Mundial, viveu período de acelerado desenvolvimento econômico, transformando-se rapidamente em um dos invejados e aclamados "Tigres Asiáticos". Entre 1980 e 1993, seu Produto Interno Bruto (PIB) cresceu na prodigiosa média de 9,0% ao ano, apenas diminuindo como efeito da crise econômica global, que parece ter superado a partir de 2009. O ritmo de desenvolvimento diminuiu, sem que o país perdesse uma invejável condição de importante exportador mundial de produtos eletrônicos e automóveis.

Com área territorial mais ou menos equivalente à do estado de Santa Catarina, abriga uma população de quase cinquenta milhões de habitantes, nada menos que a soma dos moradores de estados brasileiros populosos como São Paulo e Pernambuco. País sem analfabetos e com taxa de desemprego reduzida, tem como capital Seul (dez milhões de habitantes), uma das mais modernas e avançadas megalópoles de todo o mundo. Uma história marcada por longa submissão ao Japão despertou na sociedade sul-coreana uma indignação que soube se transformar em vontade de renascimento e recuperação da identidade nacional. A língua, os nomes próprios, a cultura e a coesão social esmagada quando da ocupação japonesa acabaram fortalecendo a férrea vontade de reconstrução.

Atualmente, as reformas sociais, o equilíbrio na distribuição da renda nacional e a política educacional constituem ações de força e de grandeza simbolizadas por ícones que são os produtos industriais sul-coreanos de alta qualidade, por sua tecnologia presente em mercados internacionais e pelas conquistas de seus estudantes nas avaliações e exames internacionais. O Pisa é apenas mais uma das muitas certezas de que a reconstrução aconteceu. País que desde 1950 vive em permanente estado de ameaças com a ditadura da Coreia do Norte, compartilha com esse temível adversário nuclear uma fronteira de riscos e de tensões. Mas, se a geografia recente é de êxitos materiais, sucessos econômicos e tensão militar, sua história nos últimos séculos é de submissão e ressurreição.

II. Coreia do Sul e Brasil: cinquenta anos depois

Qual o melhor, o mais perfeito e qual o pior sistema educacional do mundo? Resposta difícil. Em primeiro lugar é preciso admitir que os países, assim como as pessoas, possuem identidades diferentes e estas tornam as comparações complicadas. Como um sistema educacional é eficiente quando alcança plenamente os objetivos traçados e como nem todos os países enxergam a objetividade pelo mesmo ângulo, a comparação se complica. Mas, se a resposta não é fácil, pode se tornar um pouco menos complicada quando se passa da unidade para a pluralidade e se busca um dos bons sistemas educacionais terrestres e um dos, digamos, não portentosos. Chegando-se a esse ponto, não há como não incluir a Coreia do Sul comparando-a com a educação desenvolvida no Brasil.

Além dessas posições extremas, parece ser interessante comparar os dois países, uma vez que há cinquenta anos se encontravam em um mesmo patamar, tanto do ponto de vista educacional, como também social e econômico, e hoje a Coreia do Sul simboliza modelo coerente de um progresso material fantástico, uma economia vibrante e resultados educacionais que a colocam na frente, sejam quais forem os parâmetros a que seus alunos sejam submetidos. Comparar os dois países é como assistir a uma peça teatral de dois atos: o primeiro passado em 1957 e o segundo nos dias atuais.

Há cinquenta anos, Coreia do Sul e Brasil eram modelos claros de países subdesenvolvidos, prisioneiros de índices sociais preocupantes e com taxas de analfabetismo entre 30% a 40% da população adulta. Naqueles tempos a renda *per capita* coreana nivelava-se a padrões africanos e nesse aspecto perdia feio para o Brasil que possuía renda duas vezes maior. Fecha-se a cortina, termina o primeiro ato.

Quando esta se abre outra vez para os dias atuais, descobre-se um Brasil ainda "emergente", atolado por diferenças sociais significativas, portador de índices de desenvolvimento social e econômico atrasados e uma verdadeira multidão de adultos analfabetos ou analfabetos funcionais.

Neste segundo ato, a situação da renda *per capita* se inverteu, e a Coreia exibe quase o dobro que a renda brasileira, com índices socioeconômicos típicos de países ricos. A Coreia do Sul não é nenhum paraíso utópico e, como o Brasil, enfrenta problemas de corrupção, mas nada pode se equiparar a dados recentes sobre nossa educação. Na edição de 2011, por exemplo, o Ministério da Educação brasileiro excluiu as escolas que tiveram participação de menos da metade de seus alunos habilitados para o exame do Enem, uma vez que a inscrição ao exame nessas escolas é voluntária. Com essa ação, baniram-se da lista inúmeras escolas particulares tradicionais e que haviam obtido boas notas na edição de 2010, mas cujos alunos não demonstraram interesse pelo Enem como forma de ingresso em universidades. Nada a questionar contra essa exclusão, mas, com isso, das cem escolas de melhor desempenho nesse Enem, apenas dez são públicas, e quase todas ligadas a instituições militares, a universidades federais e ao ensino técnico e onde o processo de ingresso de estudantes é rigoroso e não se compara ao das escolas públicas de ensino médio convencional. Considerando, agora, que as escolas privadas respondem somente por 12,2% do total de matrículas no ensino médio brasileiro, o quadro é, para se usar uma palavra suave, extremamente perverso.

A dúvida é inevitável? O que teria acontecido?

O que levou o Brasil a uma quase estagnação que não consegue esconder — basta ver o pífio crescimento do PIB em 2013 — e fez a Coreia do Sul cavalgar em níveis que levam a todos quantos leem a admirar e deixam-nos com o amargo sabor de inveja e frustração? A resposta, todos sabemos e, é claro, se liga aos cuidados com a educação. A verdade é que a Coreia do Sul apostou em investimentos educacionais maciços e contínuos, enquanto os brasileiros preferem discursos que alardeiam a importância da educação e quase apenas isso. Nos capítulos seguintes e com a preocupação da síntese, algumas explicações.

III. A educação sul-coreana e sua história de submissão e ressurreição

Por 35 anos (1910 a 1945) a Coreia foi ocupada pelo Japão. Nesse longo período, os coreanos foram impedidos de fazer uso de sua língua, a milenar história do país foi excluída dos currículos escolares e substituída pela imposição de aprendizagem da história japonesa, os sul-coreanos tiveram que mudar seus nomes para nomes impostos pelos dominadores. A submissão era, assim, ampla e irrestrita, e a humilhação contra o orgulho próprio não admitia concessões. Essas imposições marcaram de forma significativa uma nação que se orgulhava de seu passado e de ter já desenvolvido havia milênios a ciência e a tecnologia e, segundo afirmavam, antecedido a Gutenberg em mais de duzentos anos na invenção de tipos móveis.

Com o final da Segunda Guerra Mundial e a divisão política mundial em capitalismo e comunismo, Estados Unidos e União Soviética decidiram demarcar uma linha de separação no território coreano, dividindo assim suas áreas de influência e surgindo a Coreia do Norte e a Coreia do Sul. Essa etapa foi seguida de compreensível fase conturbada, recheada de tensões e conflitos em que a preocupação educacional, como não poderia deixar de ser, ficava sempre em segundo plano.

Somente no início da década de 1990 foi eleito o primeiro presidente civil, o país começava a respirar, o progresso industrial se destacava e, portanto, era chegado o momento de reunir frangalhos e se pensar em uma eficiente política educacional. Era essencial construir escolas, compilar textos escolares, preparar professores e diretores, ampliar o acesso de alunos ao ensino médio, atrair adultos para a alfabetização, estruturar o ensino técnico e pensar seriamente na educação básica e em universidades. A partir da década de 1980/1990 o rápido processo de industrialização do país já permitia canalizar recursos que sugeriam mudanças significativas e, assim, o acesso à universidade foi ampliado, ocorrendo também a valorização do ensino médio. A gestão da educação foi descentralizada, dando maior poder às regiões no ensino elementar e médio e mais autonomia para as universidades. Foram implantadas novas diretrizes curriculares, cuidados com a educação pré-escolar, cursos a distância para todos, escolas técnicas e programas de educação para os idosos.

O país se reerguia de uma longa história em que a educação nacional fora sufocada e assim crescia a consciência de que tudo necessitava ser refeito para sua irrestrita ressurreição. Nos últimos cinquenta anos, a educação tornou-se o terceiro item mais importante do orçamento nacional sul-coreano. Esses investimentos em educação ficam atrás, somente e como não poderia deixar de ser, dos investimentos em defesa nacional — tal o nível de tensões que sofre pelos anseios expansionistas da Coreia do Norte — e dos investimentos em desenvolvimento econômico, pois é deste que virão os recursos para que a educação se torne cada vez mais forte e mais ampla.

IV. O professor e o aluno

Ouvi a história de um amigo que visitara a Coreia do Sul tempos atrás. Disse que ao passar por um bairro de Seul, com habitações típicas de classe média, estranhou a guia que acompanhava o grupo comentar:

> — Vejam aquela casa, ao alto. Ali mora um professor...
>
> Momentos depois, em um instante de descontração, esse amigo se aproximou da guia e a interpelou sobre o porquê daquele destaque:
>
> — Por acaso, nesse mesmo bairro não moram engenheiros, médicos, advogados? Por que enfatizar com especial orgulho a casa de um professor?
>
> A resposta o surpreendeu:
>
> — Não. Não é a mesma coisa. Todo professor é figura exponencial na cultura da Coreia do Sul, é sempre quem ganha mais, mas principalmente quem merece mais respeito. É motivo de orgulho para qualquer coreano que mora em um bairro afirmar que é vizinho de um professor. Professores e professoras estão sempre entre os melhores partidos em escolha para casamentos, e quando uma família quer mostrar sua importância em relação às demais, destaca com inusitado orgulho que aquela é uma "família de professores", ainda que apenas um parente distante exerça essa profissão.

O fato descrito poderia ser apenas produto de opinião pessoal de uma guia de turismo, mas para este capítulo buscamos apurar sua veracidade e constatamos que efetivamente isso ocorre em todo o país. Professor não é apenas uma importante profissão, um bom salário, é, sobretudo, motivo de honra familiar, profissão de respeito e aplauso unânime em todo o país. Por que isto ocorre?

Existem algumas razões e se pensarmos que algumas delas dependem de ações governamentais e, portanto, somente podem ser praticadas na esfera do ensino federal ou estadual com "vontade política" — que nestas terras parece inexistir —, nada impede que, pelo menos em uma boa escola particular ou em uma eficiente rede municipal, estas possam se implantar. Vamos, pois, a essas razões:

- A Coreia do Sul é uma sociedade obcecada pela aprendizagem. Aprender é para o coreano muito mais que para o brasileiro ser um craque em futebol ou personagem do *Big Brother*. Em todas as escolas os alunos são estimulados a chegar mais cedo e a sair mais tarde; torneios culturais constituem rotinas e os que mais se destacam são sempre os que mais orgulho provocam em seus familiares. Competir em conhecimentos é como vencer Olimpíadas e como não existe sucesso sem professores empenhados a ajudar os alunos a aprender, eles são valorizados e reconhecidos. Se aulas forem marcadas na madrugada, os alunos encherão as salas. É, assim, normal para uma criança coreana chegar à escola uma hora antes das aulas para rever matérias do dia anterior, assistir às aulas e resolver desafios eletrônicos por meio de *games* monitorados das 7 às 16 horas e ainda tratar de achar tempo para um curso de inglês, outro em institutos especializados em ensino matemático onde pratica cálculo elevado e chegar em casa à noite para revisar as lições e dormir. Nesse país, em 2012, a educação virou caso de polícia e as prefeituras de Seul e de outras localidades organizaram equipes de investigadores especializados em fechar "cursinhos", os *hagwon* que, por lei, deveriam funcionar até às 22 horas, mas que estavam seguindo com aulas de reforço madrugadas adentro. Hoje, o Ministério da Educação desestimula esses cursos suplementares, prometendo aumentar ainda mais a qualidade das aulas regulares. Ao que tudo parece indicar no país, não se cogita a ideia de "estresse" dos alunos e, se sentem "pena", sentem de povos que não pensam de igual maneira.

- Os salários dos professores são elevados e oscilam entre US$ 2.200 a US$ 4.000 após 15 anos de trabalho, chegando até US$ 7.500 para os diretores de escola. O ingresso nas Faculdades de Educação é extremamente competitivo e, depois de formado, o professor deve capacitar-se continuamente e é submetido a várias provas que aferem sua qualidade. A reprovação implica sumária obrigação de se mudar de profissão. Além disso, existem planos de carreira e os alunos que mais se destacam são tão premiados e exaltados quanto o são seus professores. Emprego como esse ninguém admite perder.
- O professor coreano dispõe de excelentes condições de trabalho. Na Coreia praticamente não existem os "táxi-teacher", professores que correm de uma escola para outra, de um para outro mu-

nicípio. Existe uma preocupação constante pela dedicação exclusiva, cada escola se orgulha de anunciar seus professores — tanto quanto no Brasil um grande clube anuncia seus craques —, e todo professor tem o direito de quatro horas diárias para preparar aulas e atender alunos em horários não curriculares. Na educação infantil, como deveria ser em toda parte, não se concebe professores sem ensino superior e, muitas vezes, pós-graduação.

- Não se concebe bom professor sem extrema dedicação. Algumas escolas brasileiras, públicas ou particulares, em que os alunos se destacam no Sistema de Avaliação da Educação Básica (Saeb) ou mesmo em exames do Pisa, mostram que uma das razões do sucesso é a dedicação do professor. Essa dedicação no Brasil, entretanto, é um atributo pessoal, enquanto na Coreia é premiada como um requisito profissional que todos os professores devem mostrar, existindo critérios claros sobre como acompanhar e estimular essa dedicação.
- Existe sólida relação entre o ambiente escolar e o ambiente industrial.
- Nenhum professor nasce pronto; ao contrário, se constrói aos poucos e com seu próprio caminhar. Por esse motivo, os itens dessa diferença de situação entre Brasil e Coreia do Sul não devem servir apenas como um alerta, mas como estímulo que nos mostre quais caminhos precisam ser trilhados, por quais causas a consciência profissional dos professores deve batalhar.
- Com referência aos alunos, outra significativa diferença entre o brasileiro e o sul-coreano é a proporção na igualdade de níveis. Se tomarmos aleatoriamente cem estudantes brasileiros de diferentes categorias sociais e econômicas, veremos que existe um abismo entre os que mais sabem e os que pouco sabem, entre os que estudam em escolas públicas e os que estudam em escolas particulares, entre os das regiões Sudeste e Sul e os das demais. A Coreia do Sul, ao contrário, ocupa o primeiro lugar mundial com o sistema educacional mais igualitário de todos, com mínima diferença de saberes e de capacidades entre todos os alunos, seja qual for a natureza da escola ou a parte do país onde residem, muito embora seja, como se viu, um país territorialmente bem menor que o Brasil.

V. A escola e a família

O sentimento de afetividade e de amor pelos filhos está presente nos pais coreanos e entre os pais brasileiros. Como a efetividade é sentimento, constitui potencial humano esculpido pela evolução da espécie e, dessa forma, se manifesta não somente em coreanos e brasileiros como em quaisquer povos, seja qual for sua origem ou sua cultura. Mas a presença em toda a humanidade desse sentimento não significa que a maneira como ele é administrado no âmbito da família seja igual para qualquer cultura, e é nesse sentido que esse sentimento difere muito na maneira como os brasileiros o percebem e como o refletem as famílias da Coreia do Sul.

Para nós, brasileiros, talvez por influência da história que foi formatando nossa maneira de pensar, a afetividade se associa à ideia de "cuidados", mas também de "pena" e, por essa razão, na maior parte das famílias, o sentido do "querer bem" equivale a poupar sofrimentos e, dessa forma, substituir uma disciplina rígida por concessões que o afeto propicia. Na Coreia do Sul é diferente, pois o sentimento de afeto está associado à visão de preparar para os desafios imprevisíveis do futuro, ainda que a custo de restrições, prevalência da disciplina a qualquer custo e, até mesmo, algum sofrimento momentâneo. Em outras palavras, em nossa cultura, fazer uma criança feliz no presente vale mais que pensar nas dificuldades que poderá enfrentar no futuro; para uma família coreana querer bem significa alternar energia para fortalecer a criança para um amanhã sempre incerto. É por essa razão que geralmente é mais alegre ser criança em escola brasileira que em escola sul-coreana. Lá, prevalece disciplina quase militar, proposição de desafios a serem superados diariamente, uma agenda apertada e difícil, pois a grande meta é sofrer um pouco agora para não sofrer mais, ou sofrer bem menos depois. O recente passado de renúncias e de submissão e a dificuldade para ressurreição vale sempre como sentimento de alerta.

Alunos na escola de rosto contra a parede, em postura ereta e em silêncio, de castigo por não acertarem perguntas de uma lição são rotina em escolas coreanas e raridade por aqui. Jovens frustrados pelos maus resultados escolares e encorajados a vencer a depressão com mais estudo são raríssimos por aqui e quase uma rotina por lá. A pressão sobre a juventude é tão grande que faz da Coreia um dos países líderes quanto à taxa de suicídio de adolescentes. Claro que isto não é bom. Mas importa admitir que também não é nada bom sentir, como sentimos, que cresce cada vez mais o número de jovens que “fogem de si mesmos” pelos caminhos da droga, que se envolvem em disputas violentas em nome de suas gangues. Se excessos e ausências se opõem, pelo menos na Coreia do Sul são mais comuns garotos e garotas que se apaixonam por desafios matemáticos e participam de olimpíadas culturais até os limites da exaustão. Essas diferenças resultam em como a escola e a família trabalham a história e ensinam valores, como refletem sobre os direitos dos filhos e estabelecem regras para seu sucesso.

Na Coreia do Sul parece existir um sereno equilíbrio entre compreensão, definição de limites, cobrança nos estudos e ajuda em caso de necessidade. Nada menos que 30% do orçamento doméstico de uma família coreana são gastos para incrementar o estudo dos filhos com aulas extras, segundo estudos da *Korean Educational Development Institute*. Correspondem, segundo essa mesma fonte, a nada menos que a média de quatro a cinco horas por dia passadas pelos alunos em atividades extracurriculares.

Por certo, não seria fácil para um garoto de 15 ou 16 anos sul-coreano se acostumar no Brasil, com tantas festas, bebidas, baladas e muitas outras atrações típicas do Ocidente; e mais difícil ainda seria para um brasileiro de igual idade viver em Seul entre uma aula e outra, refrescando a cabeça ao participar de torneios de níveis secundários ou universitários de *games*, assistidos por até cem mil espectadores. Em uma típica família brasileira constitui assunto indigesto, na mesa do jantar, comentar-se o desempenho escolar dos filhos. Representam tema central de toda reunião familiar, na Coreia do Sul, discussões sobre equações matemáticas, análises do desempenho dos filhos nas tarefas ou sua participação em torneios sobre robótica ou linguagens eletrônicas. No Brasil, ainda constitui alguma novidade os pais serem convocados para uma reunião na escola; na Coreia do Sul não há família que não frequente diariamente a página oficial da escola na internet para aprender sobre a agenda dos filhos, as lições e trabalhos escolares que envolvem participação familiar e os limites de sua intervenção na educação das crianças e jovens.

VI. A estrutura pedagógica atual na Coreia do Sul e como a maneira de se pensar educação pode nos influenciar

Na Coreia do Sul o ensino é obrigatório para os níveis primário e secundário, começa aos seis anos e se estende até os 14 anos. O ensino médio Avançado é pago, não obrigatório e diversifica-se nas opções acadêmica — com vistas ao ensino superior — e vocacional — voltada para profissionalização do mercado de trabalho. Cerca de 65% dos estudantes optam pelo ensino acadêmico.

O Ministério da Educação desenvolve o controle dos currículos por meio de testes externos de conhecimento aplicados aos alunos e por intermédio destes controla o desempenho das escolas. Os livros didáticos possuem seus textos produzidos ou certificados pelo Ministério e os conteúdos padronizados garantem a uniformidade nacional. A educação superior é paga em todas as suas opções e, por sua vez, oferecem alternativas que incluem Faculdades de Educação, universidades a distância, escolas técnicas vocacionais, além de universidades no sentido internacional dessa palavra.

A Coreia do Sul culturalmente e, como se viu, é muito diferente do Brasil e constitui um erro acreditar que ações desenvolvidas em um país de área territorial restrita, população altamente homogênea tanto do ponto de vista étnico como cultural, modelada por valores em que a disciplina e a hierarquia representam verdades indiscutíveis, possam encontrar paralelo em um país continental, étnico e culturalmente heterogêneo e fortemente influenciado por ideias hedonistas e consumistas. Mas, mesmo ressaltando essas peculiaridades, temos a esperança de que, adaptando à nossa maneira de fazer, de algumas dessas lições algo se extraia. Vamos, pois, a elas:

- A Coreia do Sul gasta mais que o Brasil em educação e gasta muito bem, isto é, prioriza recursos públicos no ensino fundamental.

  Os sul-coreanos gastam duas vezes mais para formar um universitário que um aluno do ensino fundamental e essa proporção é internacionalmente aceita como correta. No Brasil, o governo federal historicamente gasta muito mais do que isso com o ensino superior que com a educação básica. Gastamos, assim, muito mal, privilegiando o ensino superior e deixando a educação básica em situação muitas vezes precária. Preocupamo-nos demais com o telhado, quando são os alicerces que garantem a estrutura do edifício.

- Na Coreia do Sul não faltam incentivos e prêmios para os professores e para os alunos que mais se destacam.

  No Brasil, apenas raras entidades privadas destacam e premiam professores e alunos. Não se requer aqui o prêmio apenas como um título, mas como um cuidado de se buscar investir em estudantes como buscamos patrocínios e investimos em atletas por ocasião de Olimpíadas. O prêmio, a que aqui nos referimos, seria representado por bolsas de estudos, melhoria das condições de trabalho e subsídios para quem mais se destacasse nos setores em que o país apresenta maior necessidade. Seria imprescindível existir na internet algo como um "Lattes" — registro eletrônico de profissionais na área da pesquisa —, para que se tornasse público ao país inteiro o professor que estuda e o profissional que se dedica; enfim, os que levam seus alunos a alcance maior. A pressão sindical na educação brasileira se opõe à meritocracia, levando em conta horas trabalhadas e não resultados obtidos — ação incompreensível para pensamentos sul-coreanos.

- Na Coreia do Sul não existe poder vitalício conferido por concursos públicos, mas professores que se dedicam mais são mais reconhecidos.

  Uma aberração do sistema educacional brasileiro — embora se reconheça que existem honrosas exceções — são os concursos públicos para professores que não abrigam responsabilidade de validá-lo a cada quatro ou cinco anos. Com isso, maus profissionais se valem de um ingresso na rede pública, como pretexto para nunca mais estudar, esquecer-se de progredir. O cidadão brasileiro é obrigado em prazos periódicos a validar sua carteira de motorista, mas o ingresso na rede oficial de ensino transforma-se em "passaporte para o céu", em que se aprimorar passa a ser opção e não obrigação.

- Na Coreia do Sul se investe pesadamente no ensino voltado para a tecnologia, desde o ensino fundamental, mas principalmente no ensino superior.

  O Brasil deveria agir com maior rigor na autorização para abertura de cursos de faculdades particulares e direcionar investimentos mais expressivos para o ensino de tecnologia. Orgulhamo-nos de ser um "país de bacharéis" e ostentamos uma pobreza quantitativamente muito expressiva em profissionais voltados para a área tecnológica. Importamos tecnologia apesar de um potencial de criatividade considerado admirável mesmo em rigorosas avaliações internacionais.

- A Coreia do Sul descobriu como atrair a indústria para a universidade.

  No Brasil existe estranho paradoxo, com um "divórcio" entre a escola e o emprego. O aluno se forma e é inúmeras vezes na empresa que vai efetivamente aprender a trabalhar, custando caríssimo para esta. Atraindo indústrias de diferentes setores para a universidade, caberia àquelas enfatizar o tipo de profissional que necessitam empregar. O currículo sul-coreano — tanto o Acadêmico quanto o Vocacional — se mostra sintonizado com a formação de cérebros necessários ao país, enquanto o currículo escolar brasileiro se mostra impregnado de inutilidades, em nome de um bacharelismo que há muito perdeu sua razão de existir. A escola é lugar onde se aprende a pensar para melhor viver e os currículos necessitam refletir essa essencialidade.

- Na Coreia do Sul a disciplina para alunos e professores é rígida e os horários de atividades escolares são bastante estendidos.

  No Brasil, acredita-se que cinco horas diárias de estudo sejam suficientes e, sob a falácia de permitir que mais alunos frequentem as aulas, reduz-se drasticamente o tempo de permanência na escola. Não são as condições sociais do país ou o discurso dos políticos que devem estabelecer o número de horas de estudo necessário e sim os educadores, cabendo à sociedade e aos políticos esse atendimento. Tarde demais iremos descobrir que não se formará integralmente ninguém enquanto não se ampliar de forma responsável, pertinente e significativa o dia e o ano escolar do estudante brasileiro.

- A Coreia do Sul soube fazer da família uma efetiva parceira da escola.

  É evidente que não se pode laçar um pai e levá-lo à escola, mas, pelo menos no ensino público, é importante que aos poucos a família aprenda que o direito à escolaridade dos filhos implica obrigatoriedade dos pais em relação à escola. Essa obrigatoriedade de presença levaria as escolas a descobrir o que e como ensiná-los, desenvolvendo laços nos quais as duas pontas se beneficiariam. É urgente reformular as leis que outorgam aos pais o poder de não se interessar pelo futuro dos filhos.

Ao comparar o Brasil com o progresso material e o desenvolvimento industrial sul-coreano, entristece-nos o que parece ser a perda do "trem da história" que por nós passou. Mas acreditamos que não há razão para o desânimo. O que passou passou, e não cabe lamentar; o que importa é descobrir que o futuro nos espreita e que o presente não pode mais esperar.

Capítulo 6

Como é a educação na Finlândia

I. Uma breve apresentação da Finlândia e sua curiosa geografia

Quando a educação na Finlândia começou a obter destaque e se manter entre os primeiros no Pisa, não deixou de causar surpresa. Nação escandinava que partilha com a Rússia não apenas vasta fronteira, mas uma história bastante comum, seria natural que apresentasse uma qualidade de educação expressiva. Afinal é o que sempre se espera de países do norte europeu como a Suécia, Noruega, Holanda e até a Dinamarca. Mas como explicar esse destaque?

Ficar muito bem posicionada entre os que estão e sempre estiveram no topo é plenamente natural. O que surpreendia era sua liderança. País rico, mas não o mais desenvolvido entre os países escandinavos, é compreensível encontrar-se bem posicionado em sua atividade industrial, produção agrícola, cuidado com o meio ambiente e tudo o mais que distingue os países ricos da OCDE. Posição grandiloquente, sim, mas a primeira? Por quê? É verdade que os finlandeses leem muito e desde muito cedo, os professores são altamente qualificados e a educação infantil é motivo de orgulho nacional, a estrutura social do país é homogênea e o sistema econômico e político muito estável, mas estas condições não são incomuns em países escandinavos e, assim, alguma expectativa se justificava. Como explicar?

Guardando-se as devidas proporções, a Finlândia no século XXI pareceu despertar igual interesse que décadas atrás na Itália projetava a qualidade de Reggio Emilia na educação infantil. Mesmo assim, seriam impossíveis comparações. Reggio Emilia surpreendeu o mundo e exportou o modelo na maneira de pensar, desafiar e educar crianças. Popularizou-se após publicação da Revista *Newsweek* (1991), que exaltava a qualidade de seu sistema de ensino na opinião de abalizados educadores mundiais — mas era e é apenas uma localidade restrita no norte da Itália. A Finlândia surpreendia pela educação de qualidade em todos os níveis e em todo seu espaço geográfico e, assim, era compreensível alguma surpresa.

Com a consolidação de seus êxitos educacionais no Pisa, a educação finlandesa passou a provocar verdadeiro frisson na imprensa mundial e publicações inglesas, francesas, suecas e, principalmente, alemãs não mais paravam de divulgar ensaios e artigos diversos sobre a política educacional do país e a maneira de pensar cultura e fazer educação. Milhares de professores e pesquisadores, como outrora faziam e ainda fazem educadores infantis como Reggio Emilia, passaram a se deslocar para conhecer e estudar o país, autoridades finlandesas ligadas ao ensino começaram a ser procuradas com intensidade para entrevistas e Congressos Internacionais de Educação, que não mais deixavam de incluir aspectos dessa escolaridade nas pautas de suas programações.

Como não poderia deixar de ser, o impacto dessa saudável popularidade também ecoou dentro do país, e a maneira serena como o ensino finlandês garante igualdade de direitos e oportunidades para toda sua população, independentemente de suas condições socioculturais, é o que se busca explicar nos itens seguintes e que, acreditamos, apesar das sensíveis diferenças, não deixa de servir de modelo para ideias reformadoras da educação brasileira, tanto para as escolas públicas quanto para as escolas particulares. Da educação infantil ao ensino superior.

Geograficamente, a Finlândia possui uma área territorial equivalente à do estado de Goiás, mas o norte do território abrange parte da Lapônia, região gelada, montanhosa e semidesértica, habitada predominantemente por pastores de renas. A área plenamente habitável e desenvolvida do país se caracteriza por ser uma planície pontilhada por nada menos que 180 mil lagos, circunstância pela qual sua população prefere apresentá-la como "Suomi", que em finlandês significa "terra dos mil lagos". As línguas oficiais do país são o finlandês e o sueco, mas o lapão também é falado ao norte. A população total avizinha-se dos 5,5 milhões de habitantes, pouco mais que a população que ocupa os bairros das zonas sul e sudeste de São Paulo, a mais populosa cidade do Brasil.

II. História, cultura e sociedade na Finlândia

A Finlândia, para quem examina o país nos dias de hoje e volta os olhos sobre seu passado, desperta uma sensação de incredulidade. Uma superficial regressão pela história dos tempos revela um espaço territorial limitado em grande extensão pelo frio extremo e com uma história de submissão e de domínio ora pela Suécia, ora pela Rússia, e que sempre visava ao não florescimento do sentimento de nacionalidade e de cultura própria. Salta-se para o século XXI e se redescobre uma Finlândia extremamente próspera, mais igualitária, altamente desenvolvida, mas sem qualquer anseio expansionista, uma imensa igualdade e harmonia social e que se inspira em plena igualdade sexual em todos os sentidos. Torna-se, assim, inevitável a questão: Como foi possível, com esse "ontem", alcançar perspectivas tão serenas de um formidável "amanhã"? Confira a síntese de algumas dessas afirmações contrastantes no quadro:

O presente finlandês	O passado finlandês
• Sistema educacional gratuito para todos em todos os níveis; • o país ocidental de maior destaque mundial nos exames do Pisa em diferentes categorias; • o primeiro lugar mundial no *ranking* internacional anticorrupção;	• O território finlandês ingressa no século XX tendo como idioma nacional o sueco e sufocado em todos os anseios de assumir identidade cultural própria; • por mais de seiscentos anos, o país foi parte integrante do reino da Sué-

• um dos países mundiais mais bem colocados nos Índices de Desenvolvimento Econômico e Social; • o país mais bem situado mundialmente na presença nacional de bibliotecas equipadas e interconectadas e distribuídas por todos os espaços do país; • o país com mais elevado índice de posse e leitura de livros por habitante.	cia, libertando-se no início do século XIX para tornar-se um grão-ducado sob o domínio da Rússia; • durante a Segunda Guerra Mundial alia-se à Alemanha Nazista e, com a derrota desse país, tem seu território arrasado; • com a derrota da Alemanha, volta a se subordinar ao domínio soviético, mas a posterior dissolução do bloco socialista impõe ao país severas restrições econômicas.

A transformação pode surpreender um pouco o geógrafo e o historiador, não o educador. Essa formidável história de recuperação finlandesa tornou-se factível em virtude de anseios institucionais e socioculturais muito sólidos e da consciência de que não se consolida um presente do qual se orgulhe se não por um extremo cuidado que se dedica às crianças do país, estejam onde e como estiverem. Realmente, espaço que tanto nos sonhos suecos quanto russos jamais poderia ser independente, a Finlândia, até o início do século XX, habituou-se a lutar para manter uma unidade cultural, mesmo dominada. Evidentemente nenhum país contemporâneo admite a dominação estrangeira de forma positiva, mas quando esta desperta e faz crescer um sentimento coletivo de resistência à perda de valores nacionais, quando se torna possível a independência, encontra-se um país com sólido orgulho nacional e uma sempre disponível vontade de destaque mundial.

Talvez, o último suspiro dessa história de submissão tenha ocorrido com a formação da União Europeia e de uma mentalidade avessa a dominações. A partir dos anos 1960 mudanças educacionais bem-sucedidas começaram a atrair a atenção de outros países europeus para o modelo finlandês. E quais foram essas mudanças?

Até então o sistema educacional era estruturado em vias paralelas. Os alunos, ao terminar a formação inicial, eram levados a duas opções educacionais distintas: uma de viés acadêmico, que levava à universidade, e outra mais voltada à prática, que levava à formação profissional. Nessa ocasião, a Finlândia integrava o processo de desenvolvimento do estado de bem-estar social semelhante a de seus vizinhos nórdicos (Suécia, Noruega e Dinamarca). Mas, sem a igual pujança exportadora desses vizinhos, percebeu que precisava criar outro modelo que priorizasse o desenvolvimento humano, o conhecimento, as competências e habilidades de todos. Tomou, assim, no campo da educação, algumas decisões ao mesmo tempo políticas e econômicas:

- Aboliu o antigo sistema educacional que proporcionava boas oportunidades apenas para alguns, criando uma escolarização abrangente, indiscriminada e obrigatória de nove anos.
- Fundiu todas as escolas privadas com as escolas públicas e determinou que todas deveriam seguir igual currículo amplo e equilibrado, objetivando o desenvolvimento integral da pessoa humana.
- Estabeleceu linhas de financiamento e de apoio material às escolas com base nas necessidades e não em seu desempenho. Investimentos públicos passaram a ser direcionados para as escolas de acordo com as necessidades socioeconômicas dos municípios. A educação popular passou a ser vista como uma força equalizadora das desigualdades sociais.
- Finalmente, a preocupação imediata e abrangente de se melhorar a formação dos professores: decidiu-se que todos eles — mesmo e principalmente os da educação infantil — deveriam ter mestrado para lecionar.

Não parece difícil afastar os olhos dessas reformas para se olhar a educação brasileira. Não somos a Finlândia, bem o sabemos. As diferenças são bem mais significativas que eventuais semelhanças. Mas, ainda que existam imensas exceções em todos os níveis e categorias de ensino, é impossível esquecer que a capacitação do professor brasileiro necessita evoluir bastante e depressa, que áreas mais carentes requerem investimentos imediatos mais expressivos, que não podem ser os resultados do Ideb o motor único de investimentos nas escolas e que, também, necessitamos de significativa mudança curricular — em que se ensina quase nada de tudo —, por um currículo mais enxuto, em que, com menor diversificação de conteúdos, melhor trabalham-se capacidades e competências.

O Produto Interno Bruto finlandês, em 1991, despencara amargos 15%, mas três anos após a dissolução do bloco socialista, e com o resultado de referendo que apoiou a adesão do país à União Europeia (1994), o país adquiriu novos parceiros e rapidamente destacou-se na produção de celulares — graças principalmente ao sucesso da Nokia —, e o mesmo PIB, que se mostrara ingrato anteriormente, cresceu 4% em 1999 e 5,7% nos anos seguintes.

É evidente que a Finlândia de agora não é totalmente imune à crise econômica mundial. Afinal, é país europeu e não poderia deixar de ser arrastada pela apreensão econômica que alcança a Europa, sem exceções. Mas, talvez, pela maneira coerente e firme como sempre olhou o amanhã priorizando a educação infantil integral, sabe que a tempestade haverá de passar; fará estragos, é certo, mas a educação saberá contorná-los.

III. O professor e a aula na sociedade e na cultura finlandesa

Professores leigos no Brasil, ainda que não sejam atualmente muito frequentes, eram comuns, sobretudo nas regiões Norte e Nordeste anos atrás. Com restrições para a obtenção de registros sem formação superior e com a proliferação de faculdades, inclusive com ensino a distância, grande parte dos professores brasileiros conquistou uma titulação, ainda que inúmeras vezes extremamente precária. Não se estaria fazendo nenhuma afirmação mentirosa se disséssemos que muitos professores brasileiros se não são analfabetos funcionais, estão muito próximos disso. Esse quadro contrasta de forma chocante com a realidade finlandesa.

Nesse país, o corpo docente é altamente qualificado e ensinar em qualquer nível escolar exige grau universitário e mestrado, destacando-se que nas faculdades existem pelo menos quatro candidatos por vaga nos cursos de formação e que (maravilha inimaginável para nós, brasileiros) os que mais se destacam são "promovidos" para trabalhar nas escolas primárias e ser responsáveis pelo processo de alfabetização, paixão por leituras e qualidade e criatividade na escrita.

Esses docentes passam por um rigoroso processo de seleção, que é feito exclusivamente pela Universidade de Jyvaskyla, onde o candidato para regência de aulas para séries iniciais necessita ter conquistado, pelo menos, nota nove no exame nacional de ensino médio, versão finlandesa de nosso Enem. Mas tudo isso ainda é insuficiente, e a etapa mais abrangente é a entrevista à qual são submetidos e que analisa em profundidade a capacidade de comunicação, o poder de sentir plenamente o outro em si (empatia) e habilidade em relações pessoais. Desnecessário dizer que quem passa por esse mecanismo de seleção — além da entrevista, apresentação oral de uma aula, resumo de leituras específicas, habilidade matemática e domínio de tecnologias de informação e comunicação e aptidão artística — é pessoa de profundo respeito social e digna de incontestável admiração. O governo finlandês precisa sentir-se extremamente seguro de que pessoas com transtornos de personalidade ou com problemas emocionais não possam contaminar o que a nação possui de mais preciso: suas crianças.

Os docentes que conseguem uma vaga universitária apreendem fundamentos didáticos em profundidade, realizam práticas em centros de excelência ligados às Faculdades de Educação, estagiam em escolas municipais e, quando concluem sua formação e entram em exercício profissional, sabem que disporão de uma coordenação permanente que irá acompanhá-los em suas atividades diárias, promovendo avaliações sistemáticas.

Os diretores de escola possuem ampla autonomia para a escolha de sua equipe, inclusive de funcionários municipais não docentes e que nem por isso deixam de ser "educadores" no sentido pleno da palavra. Não existem diretores "burocratas" ou indicados por nossas tão conhecidas "razões políticas". Para chegar a essa condição é essencial que tenham excelente desempenho na graduação e em formações específicas.

"Educação de qualidade" é um consenso cultural típico da Finlândia. Após a Segunda Guerra Mundial, partidos políticos diferentes se alternaram no poder, sempre preservando a ideia comum de que educação é prioridade que não se discute. Cercado de vizinhos com recursos econômicos expressivos e elevado padrão de vida, o país compreendeu que sobreviver e competir implicava bem educar. Nas décadas de 1970 e 1980 o país empreendeu um original sistema de administração das escolas em que se alternava equilíbrio entre uma centralização fiscalizadora e escolas com autonomia e flexibilidade, levando em conta peculiaridades de cada região, de cada escola.

Qualquer escola com uma Direção e Equipes Docente e Administrativa nesse padrão é centro onde se aprende com harmonia e leveza tudo quanto pode uma seleção do tipo Pisa cobrar. Mas não apenas isso os alunos aprendem. Certamente, sobra espaço para saber como encarar os desafios da vida, buscando pleno sentido no que se faz, e ainda aprofundar seu autoconhecimento, descobrindo-se na plenitude do "ser" e, essencialmente, na autotranscendência do se relacionar e do viver.

IV. A educação básica na Finlândia

A educação básica que se encontra na Finlândia não é, pelo menos quanto à estrutura organizacional, muito diferente da brasileira.

Após a educação infantil, as crianças alcançam o primário, do 1º ao 6º ano, seguem para o secundário, do 7º ao 9º ano, ingressando depois no ensino médio, em que cursam mais três anos. Não existe obrigatoriedade de ensino até os sete anos de idade, mas desde o nascimento o Estado estimula a educação e as famílias podem optar pelo recebimento de uma bolsa para cuidar dos filhos em casa até os três anos, escolher que as crianças cresçam orientadas por uma "cuidadora" (profissional preparada, acompanhada e supervisionada pelas autoridades locais e que pode assumir responsabilidade máxima de até cinco crianças), ou então matricular os filhos em uma creche municipal, desde que se encontrem na faixa dos dois aos cinco anos. Caso sintam essa necessidade, os pais têm a oportunidade de acompanhar de maneira integral o desenvolvimento dos filhos, com garantia de afastamento de seus trabalhos por dez meses. Após esse tempo, um dos dois pode ficar com a criança até que ela complete três anos.

A capacidade de aprendizagem de todas as crianças é levada em conta muito antes de elas irem para a escola, sem jamais saltar etapas do desenvolvimento biológico e intelectual. Representa consenso nacional que as crianças precisam ser crianças pelo maior tempo possível e, para isso, o país rejeita a escolarização obrigatória antes dos sete anos, e os pais ou as cuidadoras não deixam de envolvê-las em jogos, brincadeiras coletivas e, sobretudo, alegria, muita alegria. A saudável e imprescindível alegria do crescer.

A partir dos seis anos as crianças podem, por um ano, frequentar a pré-escola onde o foco do trabalho docente é levar os alunos a aprenderem a aprender, saber localizar informações, se relacionar intelectualmente com os colegas e ainda outras competências. O ensino regular e obrigatório, como se viu, começa aos sete anos e é sempre de responsabilidade municipal.

As escolas municipais, conhecidas como "abrangentes", oferecem a todos os alunos merenda, assistência à saúde, transporte e material didático necessário à aprendizagem. Quando, por circunstância médica ou outra, a criança não pode frequentar a escola, é responsabilidade dos governos municipais fornecer a instrução no lar. As salas de aula são organizadas com até 24 alunos, por faixa etária, tendo apenas um professor em classe, que praticamente ministra conteúdos de diferentes disciplinas. Nos últimos três anos, entram em contato com docentes com formação específica em suas disciplinas. As aulas são matutinas, o almoço é servido às 13 horas quando são dispensados, podendo muitas vezes frequentar o período da tarde, com atividades extracurriculares e de reforço que se estendem até às 16 horas.

Todas as escolas dispõem de uma organização conhecida como "sistema de bem-estar social", com uma equipe formada pelo diretor, professores especialistas em educação especial, enfermeiras, psicólogos e professores. Essa equipe tem sob sua responsabilidade todas as questões e desafios relacionados ao bem-estar dos alunos. Assim, toda criança passa obrigatoriamente pelo menos por uma consulta médica a cada ano, além de aconselhamento psicológico e orientação estudantil.

V. Ensino médio e ensino superior

A reprovação ou retenção de alunos é fenômeno raro na Finlândia. A média histórica oscila em 93% a 96% dos alunos que, aprovados ao final do 9º ano, ingressam em uma das três opções do ensino médio, com três anos de duração, ou então optam pelo ensino profissionalizante, igualmente programado para três anos. Apenas a média de um aluno em cada vinte não prossegue seus estudos. As escolas de ensino médio são também mantidas pelos municípios, são gratuitas e oferecem serviço médico e refeição diária e seus currículos propõem disciplinas obrigatórias e outras de livre escolha pelos alunos. Ao final do curso os alunos do ensino médio são obrigados a prestar exame nacional de certificação obrigatória e seu desempenho se expressa em um relatório, essencial para a continuidade de seus estudos. O ensino profissionalizante abrange tanto matérias de educação geral, como atividades técnicas que capacitam os alunos para o ofício pretendido.

O ensino superior, por sua vez, é dividido entre escolas politécnicas e universidades. As primeiras capacitando para o mercado de trabalho e as universidades ocupando-se da instrução acadêmica tradicional e de pesquisas científicas avançadas. Mesmo contando com uma excelente proporção de universidades (20) e de institutos de ensino superior (29), os candidatos ultrapassam o número de vagas e, nesse sentido, a seleção para ingresso é extremamente disputada.

Tanto no ensino médio como nos cursos superiores o conceito de aula não se afasta do de protagonismo e, portanto, não se percebem aulas meramente expositivas, com seus textos projetados em uma tela. Ao contrário, e acompanhando tendências que atualmente se percebem em grandes universidades dos Estados Unidos como Stanford, MIT e Harvard, os professores delegam informações para meios eletrônicos e assim ocupam a maior parte de seu tempo desafiando os alunos, ajudando-os em grupos ou, em alguma circunstância, atendendo individualmente.

A administração da educação nacional organiza-se em dois níveis: a do governo central e a do municipal. Apenas 2% das escolas do país são particulares. O governo central responde pela legislação, políticas e financiamento e define tanto as diretrizes curriculares como as avaliações do sistema de ensino. A responsabilidade dos municípios é implementar as leis relacionadas à educação, contratação de professores e manutenção das mais de 3.300 escolas primárias. Do orçamento total do governo, não menos que 15% são destinados à educação. A média nacional do país é de 18 alunos por docente.

VI. A estrutura pedagógica atual na Finlândia e como a maneira de se pensar educação pode nos influenciar

Alguns elementos da educação finlandesa chamam a atenção e devem suscitar reflexões para todos quantos no Brasil sonham com a perspectiva de superarmos o lamentável patamar educacional em que atualmente nos encontramos. É evidente que esses sonhos não podem nos levar à ingênua suposição de que tudo quanto esse país conseguiu é meta que podemos almejar. As diferenças geográficas e históricas são colossais e, sobretudo, a diferença populacional é imensa. A maneira como é selecionado, visto e acolhido o professor finlandês representa parâmetro que nos é inimitável. Nem por isso, entretanto, o exemplo finlandês necessita ser visto como miragem para os brasileiros. Na conclusão que ora apresentamos, estão os itens que podem servir como inspiração ao Brasil ou, pelo menos, que podem originar interessantes debates sobre as maneiras de aqui os aplicarmos.

- Um problema que há muito tempo causa perplexidade na educação brasileira, sobretudo no que se refere às escolas municipais, é a descontinuidade administrativa. Nada existe em nossa legislação que impeça um prefeito eleito e o Secretário da Educação por ele indicado de mudar elementos da organização educacional anterior que tenham produzido bons frutos. Ao contrário, é uma triste tradição brasileira, a cada alternância de mandatos, assistir-se à tosca calamidade de se perceber abusos e regressos, tão somente para que as obras do novo mandatário não sejam "maculadas" por realizações anteriores.

Na Finlândia, situação como essa é inconcebível. Não apenas pela cultura nacional que não pode perdoar ações criminosas como essa, mas pelo próprio arcabouço legislativo do país. Há décadas o país enfrenta mudanças políticas e partidárias expressivas, mas quem quer que ocupe cargo político sabe que mora em uma terra onde na educação não se mexe, senão apenas para melhorá-la ainda mais.

- Com a popularização de sistemas avaliativos exógenos, isto é, feitos por uma equipe governamental externa à escola, cresceu no Brasil a obsessão em se diferenciar escolas públicas de escolas particulares por suas posições nesses *rankings*. Essa avaliação externa é essencial — não se pode curar paciente cujo estado de saúde é desconhecido —, mas esses *rankings* nivelam comparativamente realidades culturais extremamente díspares e forçam redes municipais de todo o Brasil a alcançar determinados padrões no Ideb ou no Enem, desfigurando, com isso, a adaptação da boa educação às condições regionais.

  Na Finlândia, ao contrário, existe esforço significativamente contínuo para se conceder autonomia para que as escolas possam ser excelentes, sempre em face da excelência peculiar à área e ambiente cultural onde se localiza.

- Em famílias brasileiras de classe média ou alta, com raras exceções, as crianças estão sendo privadas do direito de agir, brincar, crescer e pensar como crianças. Os resultados do Enem são vistos como parâmetros para se comparar escolas boas e escolas ruins e, com isso, o sucesso no ensino médio contamina a programação do ensino fundamental e esta arrasta atrás de si a educação infantil. Crianças brasileiras, cada vez mais cedo, são obrigadas a assumir verdadeiras agendas de executivos e, para que bem mais tarde, conquistem lugar de destaque em uma boa universidade não mais podem ser crianças na plenitude educacional que essa palavra agrega.

  Na Finlândia, embora existam creches e pré-escolas, a educação formal começa apenas aos sete anos de idade e os graus primário e secundário são integrados para que a criança não necessite trocar de escola no meio de seu processo de crescimento. A lição de casa não é uma prática incentivada antes que os alunos cheguem à adolescência.

- A formação de um aluno, da infância à vida adulta, envolve naturalmente o domínio de informações técnicas e científicas e, sobretudo, a progressiva aquisição de capacidades para que possa fazer dos conteúdos conceituais apreendidos um instrumento de transferências de saberes e de integral compreensão sobre o que vai pelo mundo; mas esse é apenas um aspecto da educação formal. Da mesma forma que as disciplinas convencionais tratam seus temas, toda formação da pessoa necessita do ensino de valores e de sua progressiva descoberta existencial, manifestada pela alegria de viver, por sentimentos de empatia, capacidade de estabelecer projetos e pela descoberta da plenitude da ideia ética. No Brasil, a preocupação pela "nota" do aluno diante de domínios puramente conceituais está eclipsando sua formação em valores e, assim, o aluno aprende o que é transitório, deixando de lado o que será para uma vida digna, sempre essencial.

Uma das características marcantes do sistema educacional finlandês é o alto grau de autonomia concedido a escolas e professores e, consequentemente, a não obrigatoriedade de avaliação-padrão obrigatória para os alunos, a não ser por um único teste de língua, matemática e ciências naturais ao final do ensino secundário (quando os alunos têm entre 17 e 19 anos). No dia a dia da escola, os professores finlandeses não avaliam os alunos por notas e sim critérios analíticos abrangentes que evitam comparações meramente intelectuais entre os alunos. "Ser" mais pesa e pesa bastante. O foco da aprendizagem nesses níveis não se coloca apenas no desempenho dos alunos, mas em verificar se estes sabem aprender com autonomia, colocar o que aprenderam em seu cotidiano, se normatizam suas relações interpessoais pela dignidade, ética, alegria e consciência do outro, suas circunstâncias e suas diferenças.

Capítulo 7
Como é a educação no Canadá

I. Uma breve apresentação do Canadá e sua geografia

O Canadá é um país territorialmente enorme, mais extenso que o Brasil. Com área de quase dez milhões de quilômetros quadrados é, depois da Rússia, o mais extenso país do mundo. Localizado, entretanto, no extremo norte do continente americano, possui extensas áreas inabitadas e, portanto, possui uma população absoluta de 34 milhões de habitantes, bem menor que a do estado de São Paulo. Essa população, com um dos mais altos padrões de vida entre os países da Terra, concentra-se em sua maior parte no sul, ao longo dos mais de seis mil quilômetros de fronteiras do país com os Estados Unidos.

Colonizado inicialmente por franceses, desde o século XVIII passou a ser controlado pelo Reino Unido. É hoje país independente, embora nominalmente seu Chefe de Estado seja a rainha do Reino Unido, representada pelo Governador-Geral. Apresentando oficialmente dualidade linguística (inglesa e francesa), conta com um dos mais elevados padrões de vida em todo o mundo. Único país da Terra que não possui órgão nacional responsável pela coordenação de sua política educacional, não apresentava qualquer destaque no desempenho de seus alunos quando da primeira divulgação dos resultados do Pisa (2001), razão pela qual o atual desempenho surpreendeu a muitos.

Seu sistema educacional é, assim, extremamente descentralizado e se apresenta organizado e com características regionais próprias nos dez sistemas provinciais em que é dividido o território, mas com a maior equidade educacional mundial entre seus alunos nos resultados do Pisa — o ensino é de alta qualidade em qualquer parte do vasto país. Esses resultados se fazem ainda mais auspiciosos quando se sabe que o Canadá possui a mais elevada taxa de imigrantes em todo o mundo.

Somente em 2011, o país recebeu cerca de vinte mil estudantes brasileiros — cerca de 10% dos alunos estrangeiros que ingressaram nesse ano no país — interessados em estudar idiomas, ensino médio, graduação e pós-graduação. Para as metas governamentais esse afluxo, entretanto, é pequeno e o Canadá projeta a aspiração de, em pouco tempo, se transformar em um polo central da educação internacional. Surpreende, dessa maneira, se identificar em um país territorialmente tão vasto — com uma população culturalmente tão diversa e com mobilidade registrada por contínua imigração — a qualidade de uma educação tão excepcionalmente homogênea.

Mais de 90% de sua população, entre 25 e 34 anos, possui ensino médio completo; a educação infantil não é obrigatória, mas cerca de 90% das crianças a frequentam e 94% dos alunos mais velhos estudam em escolas públicas. Histórica e geograficamente muito diferente da China e, sobretudo, da Coreia do Sul e da Finlândia, é, por essa razão, excelente exemplo para o Brasil, país igualmente vasto e com acentuada mobilidade populacional, mas com padrões econômicos e educacionais extremamente díspares.

II. História, cultura e sociedade no Canadá

A Segunda Guerra Mundial representou marco significativo na história do Canadá e de sua ascensão econômica e educacional. Enquanto os países da Europa, duramente castigados pelos efeitos do conflito — voltando-se para a lenta e difícil reconstrução — e pelo estigma de uma divisão entre o mundo capitalista e o mundo socialista, o Canadá, com vasto território, riquezas minerais e expressivo fluxo migratório de pessoas escolarizadas, passou a atravessar fase de exponencial progresso econômico e cultural, e que iria ampliar-se ainda mais com a adesão canadense ao Acordo de Livre Comércio da América do Norte (Nafta) em 1994.

País com uma das mais altas taxas de imigrantes em todo o mundo, o Canadá, por suas condições geográficas, culturais e propostas de emprego que oferece por meio de campanhas mundiais de atração populacional, acaba por ser procurado por imigrantes com qualificação cultural muito superior àquela dos que, por exemplo, procuram países como seu vizinho Estados Unidos. Segundo dados do Pisa, os alunos imigrantes alcançam resultados muito acima dos que se verificam, por exemplo, com os alunos de origem francesa há muito radicados no país.

Um dos fatores essenciais para a compreensão desta singularidade canadense é o multiculturalismo, no qual se destacam o estímulo à formação de ideias pluralistas e o ambiente acolhedor à diversidade. A diversidade cultural do Canadá é bem maior do que pode um estrangeiro compreender. Não se manifesta apenas nas placas indicativas de ruas e logradouros em diversas línguas, mas também na maneira de se pensar a acolhida ao outro e a empatia com as ideias de diversidade. É um país em que, literalmente, todo mundo é aceito e todos são sempre iguais. Na província de Ontário, por exemplo, nada menos que 27% dos habitantes não nasceram no Canadá. Não obstante esse caldo cultural atraente para imigrantes de alto nível, as províncias com maior fluxo imigratório desenvolvem políticas específicas de acolhida e suporte aos novos alunos, com o desenvolvimento de bem-sucedidos projetos de reforço e de aulas complementares. Diferentemente de países como o Brasil, por exemplo, a ideia de criança ir à escola não é vista como possibilidade desejável, mas como contingência inquestionável.

Essa fase de acentuada prosperidade que até hoje se mantém permitiu formidável expansão de seu sistema educacional e, entre 1950 e 1970, deu-se prioridade para a construção de estabelecimentos de ensino, contratação de professores e uma autonomia que permitia às escolas a definição de currículos que respeitassem condições regionais. As províncias passaram a assumir o financiamento global do sistema educacional, enfatizando avaliações sistemáticas do desempenho dos alunos, acompanhamento da qualidade do trabalho docente e formulação e planejamento dos currículos. A partir de 2000, diversas províncias iniciaram a implantação de reformas educacionais, estabelecendo metas de aprendizagem por etapas de escolaridade, desenvolvimento profissional dos professores e fortalecimento de sua consciência de responsabilidade e compromisso com os resultados dos alunos. Cabe destacar que, nesse aspecto, o país já se distanciava da maneira como a escola brasileira, de modo geral, pensava educação e invertia o conceito canadense de que aprendizagem imperfeita representava convicção de que o mau desempenho do aluno é de sua exclusiva responsabilidade.

III. O professor e o ensino na sociedade e na cultura canadense

Ser um professor no Canadá significa privilégio social, mas muito esforço e dedicação também. Não se obtém a titulação necessária sem o grau universitário e o treinamento para o exercício do magistério compreende pelo menos quatro anos de estudo e mais um ano para completar o bacharelado em Educação.

A maioria dos professores exerce sua atividade em apenas uma escola, em período de tempo integral, e os salários são tão significativos quanto de outros profissionais graduados. Ainda que todas as crianças e adolescentes, como se viu, necessitem frequentar as escolas, a idade dessa obrigatoriedade varia de acordo com a província, geralmente iniciando-se aos cinco a sete anos e sendo obrigatória até os 17 ou 18 anos, quando da conclusão do ensino secundário. O país não possui analfabeto e, na maioria das províncias, o inglês é o idioma mais usado. Cada escola, entretanto, em função das necessidades da comunidade de seu entorno, pode instituir outros idiomas. O ensino primário e o secundário são gratuitos, e em Quebec inclui também o nível colegial ou pré-universitário, quando apenas é cobrada uma taxa mínima de matrícula. O ensino superior é pago, mas os alunos com menores recursos contam com apoio estatal por meio de bolsas de estudo. As instituições de ensino superior públicas são administradas pelas províncias nas quais se localizam.

O currículo das escolas primárias enfatiza os conhecimentos básicos de língua, matemática, estudos sociais e introdução às artes e ciências. Algumas províncias oferecem programas de ensino diferenciado para as crianças bem dotadas ou com desenvolvimento mais lento, por meio de programas mais acelerados e enriquecidos. Todas as escolas primárias e secundárias se encontram conectadas à internet e seu uso informativo é diário, cabendo aos professores ações estimuladoras de reflexão e transferência de aprendizagens. O país oferece também ampla diversidade de escolas técnicas e profissionalizantes.

A educação para todos é obrigatória até os 16 anos em todas as províncias do Canadá, exceto em Ontário e New Brunswick, onde a idade é de 18 anos. As escolas secundárias oferecem opções múltiplas para quem já possui orientação profissional, em que os alunos podem escolher as matérias de seu interesse, além de atividades extracurriculares como esportes, estudos direcionados, música, teatro, serviço voluntário para a comunidade e participação política. Para ingresso no ensino superior ocorre exame de seleção, mas são também valorizadas as notas dos últimos dois anos da educação secundária.

Em virtude de sua formidável extensão territorial, desde o século XIX, o país destacou-se na implantação de educação a distância, enviando material didático pelo correio. Com o advento da internet, as possibilidades aumentaram ainda mais e, na década de 1990, tanto o governo federal quanto governos estaduais iniciaram vários projetos tecnológicos e pedagógicos para apoiar estímulos à educação a distância complementar desde escolas primárias até o ensino superior. Estima-se que exista em todo o país cerca de setenta mil estudantes usando a educação a distância, e algumas universidades, como a de Athabasca, por exemplo, possuem nada menos que seiscentos diferentes cursos. Não são muito frequentes, mas existem escolas particulares com ênfase no ensino religioso desde o pré-primário até o secundário.

IV. A educação básica no Canadá (Ontário)

A autonomia e as particularidades específicas da educação em cada uma das províncias canadenses impedem uma análise generalista e abrangente, e, portanto, nos itens que se seguem as análises referem-se à província de Ontário, sabendo-se que em outras podem existir alguns aspectos ligeiramente diferentes.

Ontário é, territorialmente, a mais extensa província canadense, onde vivem cerca de 15 milhões de habitantes, que correspondem a pouco mais de 40% da população total do país. Destacando-se como imenso espaço industrial, em Ontário praticamente não existe população rural e, assim, o sistema de ensino é predominantemente urbano. Nada menos que 80% dos alunos estão matriculados em áreas metropolitanas e a metade desses não nasceu no Canadá. Ainda que o ensino seja ministrado em língua inglesa, muitos alunos ainda estão em processo de adaptação, pois a maioria é proveniente da Ásia.

Ontário concentra a maior quantidade de estudantes do Canadá. São cerca de dois milhões de alunos em cinco mil escolas, o que equivale a 40% da população do país atendida pela educação básica obrigatória. O sistema educacional de Ontário foi alvo de uma ampla reforma educacional, iniciada em 2003, que objetivava ampliar a qualidade da alfabetização nos anos iniciais, promover a melhoria no desempenho da aprendizagem e uso das competências dos alunos, visando à conclusão de seus estudos iniciais no décimo ano e, assim, reduzir progressivamente até extinguir as escolas em que os estudantes revelassem um baixo desempenho.

Os resultados dessa reforma não tardaram a surgir. Entre 2003 e 2009, a taxa de conclusão no ensino médio elevou-se de 68% para 79%, pouco abaixo da meta governamental prevista, que era de 85%. Melhorou também de maneira substancial a qualidade da aprendizagem no ensino primário tanto no desempenho da alfabetização e letramento, quanto em matemática e compreensão da leitura. Não se alcançou o progresso esperado de 75%, mas a melhoria no desempenho dos alunos evoluiu de 55% para 70%.

O sucesso dos alunos canadenses traz um aspecto peculiar e único: como se viu, é nesse país que se observa uma das maiores equidades entre alunos e, portanto, é sempre sutil a diferença entre os "fortes" e os "fracos"; isso se torna surpreendente ao se saber que é um país multicultural e que, portanto, muitos alunos trazem em sua história de vida as raízes de outras línguas e culturas nas quais foram alfabetizados. A essas duas circunstâncias soma-se uma terceira e que torna o caso canadense singular: as classes são formadas por faixas etárias e não por níveis de compreensão, e, portanto, diante dessas condições, indaga-se: como é possível qualidade e equidade com tão grande heterogeneidade? A resposta está no grande desafio que o país superou, fazendo com que os alunos possam ser acompanhados em todos os momentos e em todas as etapas com aulas de reforço e orientação de aprendizagem para fazê-los iguais ao padrão de sua turma. Não seria ousado pensar em solução semelhante para alunos brasileiros? Não seria mais confortável, ainda que injusto, formar classes segundo nível intelectual e não etário? Até quando nossos alunos serão os únicos responsáveis pela disparidade intelectual que apresentam?

V. Tanto lá como cá, pedras nos caminhos há

Mas, para que se perceba que reformas educacionais raramente caem do céu e são acolhidas como chuva redentora em terra seca, cabe destacar que a implantação da reforma educacional em Ontário atravessou momentos difíceis e sérios questionamentos sobre sua necessidade. Em princípio, os professores se opuseram a ela e, por algum tempo, o que constava dos planos de reforma propostos e o que efetivamente se poderia concretizar no chão das salas de aula mostravam expressiva distância. Foi necessário que o novo governo (2003) lançasse uma plataforma política explicando a toda a população que a educação seria prioridade indiscutível e, ao mesmo tempo, iniciando a abertura de demorados e persistentes processos de negociação com os sindicatos docentes, promovendo redução do número de alunos em salas de aula, tempo adicional ao professor para preparar estratégias e conteúdos e estímulos à meritocracia, reconhecendo com prêmios e promoções professores e escolas que apresentassem sucesso maior em índices de avaliações externas às quais eram os alunos submetidos. Importa destacar que aprendizagens significativas e pleno domínio de capacidades implicam aulas com integral protagonismo por parte dos alunos, ação quase impossível em classes muito numerosas.

Como é natural ocorrer, outros setores profissionais e atividades econômicas sentiram-se como que marginalizados pela ênfase dada à educação e isso exigiu do governo a lenta e persistente construção de novo consenso econômico e cultural. Redesenharam-se as funções do Ministério da Educação e este organismo passou então a estabelecer com clareza os objetivos da reforma, as metas de aprendizagem a serem atingidas, a provisão de fundos de financiamento às escolas, além de assistência técnica e melhores salários aos professores, com ênfase no suporte intensivo às escolas mais vulneráveis. País altamente desenvolvido, com uma população culta e forte organização coletiva, a força reivindicadora dos sindicatos é muito grande no Canadá e, nesse sentido, diferente do que ocorre em nosso país, a implantação de reformas se defronta com organizações docentes coesas e que somente acolhem mudanças quando plenamente convencidas de sua necessidade e amparadas pela certeza de recursos disponíveis.

VI. Ensino médio e ensino superior

As leis canadenses determinam que os alunos frequentem as escolas públicas dos 6 aos 15 anos, e em Quebec e na província de Ontário a educação obrigatória e gratuita inclui ainda o Colegial ou o Pré-Universitário. Ressalvando diferenças específicas e pequenas entre esta ou aquela província canadense, os alunos são agrupados em três níveis: primário (dos 5 aos 12 anos — línguas, matemática, estudos sociais, artes e ciências); secundário (dos 13 aos 15 anos) e médio (dos 16 aos 18 anos) com opção para quatro áreas (formação geral, avançado, vocacional e preparação para a universidade).

Para as famílias que optam por escolas particulares, são autorizados estabelecimentos de ensino separados por religião. As instituições de ensino pós-secundárias (mas não universitárias) desenvolvem treinamento e capacitação para ocupações profissionais, técnicas e comerciais, geralmente com um ano de duração e a exigência de que o estudante tenha completado o décimo ano de estudo.

VII. As lições que podemos extrair da educação canadense

Das muitas características de êxito e sucesso na educação canadense e que podem inspirar escolas públicas e particulares brasileiras, cinco parecem ser para este autor as mais significativas:

1. A admirável "cultura" educacional desenvolvida em Ontário ao se matricular alunos em turmas ordenadas por faixas etárias e não por nível de conhecimento, como é tradicional na escola brasileira.

    Não existe desajuste maior e fator mais expressivo na evasão de alunos do que quando estes se sentem assistindo a aulas em turmas de idade menor. Por mais importante que possa ser a paridade intelectual entre esses alunos, o desnível etário implica anseios diferentes e níveis de maturidade desiguais e, dessa forma, recai sobre o aluno, e exclusivamente a ele, o ônus de ter se atrasado. Classes desiguais em níveis de escolaridade, mas idênticas em faixas de idade, implicam esforço imenso no sentido de nivelar pelo alto o padrão de alguns, tirando-se do aluno a responsabilidade pelo atraso, deixando de o "culpar" por situações que na maior parte das vezes não ocorreram por sua omissão, repondo essa responsabilidade aos educadores, que devem buscar esforços e estratégias para que a dificuldade de aprendizagem dos mais atrasados seja extinta. Veja no Apêndice uma crônica do autor sobre esse tema e veja também outro ensaio em que se analisa a educação no Chile, primeiro país da América Latina nos resultados do Pisa.

2. A criação de alunos apontados como "líderes do sucesso estudantil" nas escolas de ensino médio.

    Esses alunos, por sua dedicação e destaque na aprendizagem e técnicas de comunicação, são selecionados e contratados pelos distritos para identificar, apoiar ou ajudar colegas com dificuldades e propor intervenções apropriadas para superar esses desajustes. Para os alunos com dificuldades de aprendizagem, a ajuda de um ou mais colegas se apresenta como mais próxima e mais íntima a sua linguagem habitual e, portanto, essa troca de estratégias ajuda-os e também amplia a solidariedade entre amigos.

3. Embora não seja prerrogativa exclusiva da educação canadense, a valorização nacional da profissão docente seleciona, entre os que buscam a formação profissional em curso superior, os melhores alunos para as Faculdades de Educação.

   Seguramente não se poderia "importar" essa cultura para o Brasil, mas universitários na fase final de sua formação em diferentes áreas do saber poderiam receber propostas governamentais e, revelando interesse, ser contratados para atividades docentes por um ano ou dois em municípios com problemas, não antes sem passar por um estágio de formação pedagógica que enfatizasse com destaque estratégias de aulas protagonísticas, uso eficiente de novas tecnologias de comunicação e informação, formas de se trabalhar de maneira contextualizada o currículo das disciplinas, esquemas de domínio da empatia e processos de avaliação. Essa breve "passagem" pela docência poderia inspirar os professores locais e seria um notável fortalecimento humanístico do futuro profissional em medicina, direito, veterinária, engenharia e outras formações acadêmicas.

4. Um dos mais agudos problemas na educação brasileira é a inexistência da coesão docente. Salvo exceções, na maior parte das escolas do país a integração e o espírito de solidariedade entre os professores — quando ocorrem — se manifestam bem mais no plano social que no âmbito profissional. Não é raro os professores serem amigos, mas essa ideia não costuma culturalmente envolver sentimento de ajuda recíproca, debates sobre leituras pedagógicas, relatos de experiências exitosas, comentários sobre estratégias de aulas e uso de recursos, procedimentos com a tecnologia de informação e comunicação e sistema de avaliação avançados.

Em síntese, a palavra "corpo" para se referir à comunidade docente de uma escola não expressa o compromisso sistêmico que se costuma observar em outras profissões. Médicos em um ato cirúrgico, por exemplo, falam necessariamente "a mesma língua" e o empenho de uns se complementa com o trabalho de outros.

Essa ideia sistêmica de "corpo docente" — frágil e excepcional no Brasil — é muito forte no Canadá, particularmente em Ontário, onde o fortalecimento de objetivos compartilhados pela equipe da escola é uma rotina incorporada à consciência docente e administrativa. Cabe destacar que esse sentimento de equipe não emergiu de maneira natural entre os professores, mas constituiu-se uma das metas propostas e orientadas pela reforma educacional de Ontário, lançada em 2003.

5. Quando o Ministério da Educação e Cultura no Brasil estabeleceu metas para o Ideb, visava como foco central ao alcance do nível de países da OCDE para 2022. Mesmo percebendo-se que essa progressão, em muitos casos, mostrava-se cada vez mais distante, ainda assim era uma meta para que a educação fundamental no país alcançasse no ano do bicentenário da Independência os níveis dos países da OCDE no momento em que as metas foram estabelecidas. Em síntese, se tudo desse certo, chegaríamos adiante onde se encontram hoje os países mais desenvolvidos. São, portanto, metas tímidas e pouco se fez por elas além de sua divulgação em *rankings* sempre falaciosos. A reforma educacional de Ontário estabeleceu metas ousadas de desempenho para todas as unidades, combinadas com o fornecimento de meios, programas de capacitação profissional com estímulos ao sucesso e sem ameaças de sanções ou castigos. Como se percebe, existe muito em que se inspirar.

Capítulo 8

Ensino médio e formação superior na Alemanha, Canadá, China, Chile e Finlândia

I. Alemanha

O país abriga quatro tipos de escolas secundárias: os dois primeiros (*Hauptschule* e *Realschule*) apresentam uma estrutura profissionalizante, enquanto o *Gymnasium* se destina à formação em nível superior e a *Gesamtschule* funciona como uma escola integrada.

O currículo escolar é pesado e a qualificação docente rigorosa, pelos exames e estágios severos que são impostos.

Na *Hauptschule* o currículo obrigatório inclui as línguas nacionais e estrangeiras, além de matemática, química, física, biologia, geografia, história, religião, música, educação física e orientações sobre o mundo do trabalho. A *Realschule* possui currículo semelhante, mas existem estudos aprofundados de algumas disciplinas, sobretudo física, química e matemática. A duração do curso no *Gymnasium* é de nove anos, na *Realschule* de seis anos e nas profissionalizantes de cinco anos com uma carga horária semanal de 30 a 33 horas. Em todos os cursos estudam-se com profundidade conhecimentos de *hardware* e uso de todas as tecnologias de informação e comunicação, além das pesquisas sobre programação e técnicas avançadas de informações.

II. Canadá (Ontário)

O sistema de ensino se estrutura por meio de um programa de créditos que os alunos devem preencher ao longo dos anos de escolaridade. A diplomação do ensino médio corresponde à complementação de cem créditos. Todas as disciplinas envolvem de 30 a 33 créditos e existe ênfase especial na aprendizagem do inglês e do francês, além de matemática teórica e aplicada, ciências, biologia e física, química. A duração do curso é de três anos e as escolas devem oferecer uma carga horária de 25 horas/aula por crédito.

III. China

O currículo escolar inclui disciplinas obrigatórias (chinês, inglês, matemática, política e sociologia contemporânea), disciplinas eletivas, separadas pelas áreas de literatura, ciências humanas, ciências, tecnologias, artes, educação física, idiomas estrangeiros, educação aplicada, comunicação, estudos criativos, direito, ciências aplicadas, produção e engenharia e ainda outras experiências de aprendizado como desenvolvimento estético, educação moral e cívica, serviços comunitários e experiências práticas de trabalho.

A duração do curso é de três anos e por ano todos os alunos devem cursar quatro disciplinas obrigatórias e entre duas a três disciplinas eletivas, além de uma dentre as outras opções de experiências de aprendizado, totalizando seis horas diárias de estudo. Ao final do curso, os alunos são submetidos a uma prova nacional para a obtenção do diploma.

IV. Chile

A organização do ensino médio chileno compreende duas modalidades: humano-científica e técnico-profissional — esta última com escolas industriais, comerciais, técnicas e polivalentes. Biologia, matemática, educação física, linguagem e comunicação, língua estrangeira, arte e história e educação tecnológica são disciplinas comuns às duas modalidades e na modalidade humano-científica são propostas as disciplinas de psicologia e filosofia, mas o aluno escolhe duas das três disciplinas de ciências naturais, além de outras obrigatórias como história, linguagem e comunicação, matemática, língua estrangeira, além de disciplinas específicas do curso escolhido.

A duração do curso é de quatro anos, os dois primeiros comuns a todas as escolas, com cargas horárias obrigatórias de disciplinas básicas, enquanto no 3º e 4º anos as disciplinas variam conforme a orientação do curso. O *Centro de Educación y Tecnología de Chile* é a entidade nacional responsável por entregar anualmente às escolas os equipamentos de computação e oferecer capacitação docente para uso de tecnologias de comunicação e informação nas salas de aula.

V. Finlândia

A estrutura do ensino médio na Finlândia está organizada em dois tipos: *Upper Secondary Education/lukio* que prepara para o ensino superior e cujo ingresso se dá por via seletiva em que são avaliadas as notas da educação básica e, muitas vezes, provas e entrevistas; e o *Vocational education and training* que prepara para o mercado de trabalho e cujo ingresso se dá também por meio de processo seletivo, porém mais flexível. Nesta modalidade existem cursos em quatro áreas: tecnologia; comunicação e transporte; ciências sociais e administração de negócios e serviços sociais (saúde e esportes, turismo e hotelaria) e serviços domésticos. Nos dois sistemas os alunos podem buscar a educação superior. Os currículos de ambos os tipos se mostram flexíveis e os alunos podem organizar suas próprias grades curriculares, envolvendo disciplinas obrigatórias e eletivas. A duração do curso é de três anos. Em todos os cursos existem treinamentos e pesquisas sobre a implementação de tecnologias de comunicação e informação em todas as escolas e, além disso, é sugerido o uso dessas tecnologias para aprendizado de outras disciplinas, entre as quais a língua materna, empreendedorismo e matemática, e também para o desenvolvimento de habilidades interdisciplinares como criatividade, tomada de decisões e pesquisas.

Esta breve apresentação da estrutura do ensino médio em alguns países destaca que essa não é essencialmente diferente daquela que se aplica no Brasil, exceto pela presença de uma carga horária bem mais enxuta e seletiva, um currículo não fragmentado, uma formação docente rigorosa e a clara distinção entre a efetiva e diferenciada capacitação para o mercado de trabalho e a formação acadêmica. Além disso, os países citados possuem tradição educacional bem mais consolidada e sabem distinguir com clareza os apelos do mercado de trabalho e da formação em nível superior e, assim, não necessitam superar entraves como os de nossos cursos noturnos — geralmente de produtividade baixa, currículos que, ao propor quase nada de todos os saberes possíveis, não permite conhecimento aprofundado em área alguma e o baixíssimo uso pedagógico das tecnologias digitais, em visível confronto com as exigências cada vez mais rigorosas de um mercado de trabalho que em dez anos saltou três décadas, encontrando alunos de um ensino médio que, em igual período, estagnou-se.

Capítulo 9
A educação no Brasil

I. Os recados do Pisa que não gostamos, mas necessitamos ouvir

Sempre que são divulgados os resultados do Pisa (Programa Internacional de Avaliação de Alunos), a educação brasileira respira fundo e, envergonhada, abaixa os olhos. Não leva susto, não se abate pela surpresa, apenas percebe na frieza dos números que estamos longe, muito longe, de países como os que até aqui foram analisados. Quando, em dezembro de 2013, foram divulgados os resultados da avaliação feita em 2012, como vem ocorrendo desde sua primeira edição em 2000, os resultados brasileiros apresentaram-se como uma lástima. Dos 44 países e regiões que participaram do estudo, o Brasil está na posição 38, um pouco melhor que o Uruguai e a Colômbia na América Latina, mas bem abaixo do Chile, que na América Latina é o único país que mostra resultados significativos. Nas três áreas em que os estudantes brasileiros foram examinados ocorreu queda em relação às provas anteriores e mesmo os 25% dos alunos brasileiros que, mais ricos, estudam em escolas supostamente melhores apresentaram desempenho inferior aos 25% entre os alunos mais pobres dos países desenvolvidos, demonstrando cabalmente que não dominavam capacidades mínimas que se esperavam de um aluno de 15 anos. Ressalte-se nesses exemplos que leitura e matemática não são apenas disciplinas curriculares comuns, mas ferramentas essenciais da empregabilidade e que os números exaltam a certeza de que não estávamos preparando nossa mão de obra para os desafios do emprego aqui ou lá fora. No mesmo dia do anúncio dos resultados da última edição, nosso Ministro da Educação tratou de convocar uma coletiva de imprensa para declarar que a educação brasileira estava conquistando uma "grande vitória" e que "são certos os seus caminhos", pois, se a situação não é boa, o que mais importa é a evolução dos resultados. É uma falácia. Se em matemática apresentamos pálida evolução é porque nosso patamar anterior é baixíssimo e assim como todo aluno que tira uma das piores notas da classe, a nota na prova seguinte pode até melhorar.

Crescer é sempre bom, mas o importante é se olhar de onde se partiu para esse crescimento e, portanto, crescer quando se está entre os quinze ou vinte primeiros é crescimento que vigora. Crescer, no entanto, para quem corre muito atrás é crescimento que pouco consola. Nem tudo, entretanto, necessita ser visto de maneira crítica. Sabemos que faz parte da tradição brasileira falar mal de si mesmo e assim, se a posição no Pisa nada nos mostra para orgulhar, importa considerar alguns fatores atenuantes, não para se usar como desculpa, mas para compreender a plenitude da significação desses resultados. Entre esses fatores atenuantes é importante realçar a geografia e a história.

Ainda que geograficamente sejamos um país inteiramente ecumênico e, portanto, não exibamos áreas impossíveis de serem economicamente exploráveis — tal como geleiras, desertos e montanhas inacessíveis —, somos um país-continente onde é sempre bem mais difícil o combate a problemas e o processo de integração de áreas mais isoladas. Além disso, nosso passado exibe marcas de uma ocupação predatória e de uma concepção exploratória sem interesse de ocupação e desenvolvimento, semelhante aos verificados em antigas colônias de povoamento. Portanto, se os azares geográficos e históricos não podem se afigurar como desculpas pela situação que temos, também necessitam ser compreendidos como instrumentos que estão a requerer esforço muitas vezes maior que de um país de pequena dimensão territorial e de uma herança histórica assentada em bases e anseios culturais significativos. Alguns dos países que hoje se posicionam expressivamente nos resultados do Pisa também ocupavam situação extrema tempos atrás e souberam empreender reformas educacionais que, a despeito de diferenças quanto à estrutura, se mostravam apoiadas em mais investimentos para a educação, o uso consistente e coerente desses recursos, a melhor preparação da equipe gestora e docente, a valorização da carreira docente, o envolvimento familiar mais participativo e a criação de sistemas de acompanhamento docente e ainda avaliação, controle e incentivo na busca da qualidade discente.

O Brasil já não é mais, como por décadas se autointitulou, um "país de analfabetos", mas o analfabetismo (cerca de 10% da população) e a ilusão que a expressão falaciosa "analfabetismo funcional" abriga são, no mínimo, alarmantes. A distorção idade-série para estudantes do ensino fundamental e, sobretudo, do ensino médio (cerca de 35% dos alunos), e a exclusão escolar de 38 milhões de crianças e jovens representam problemas agudos em nossa educação e que comprometem de maneira ferina os anseios e o futuro econômico do país. Não mais se pode negligenciar a certeza de que é chegada a hora de mudar e, se não podemos profetizar como será o nosso amanhã, temos certeza de que será da forma como começarmos desde já a esculpir as linhas de uma inadiável mudança educacional.

II. A estrutura do nosso sistema educacional

O Brasil historicamente se atrasou na implantação de sua rede nacional de ensino, pois, enquanto as colônias espanholas na América já haviam implantado universidades no século XVI, no Brasil a primeira universidade foi inaugurada somente em 1920, no Rio de Janeiro. Onze anos depois, durante o governo de Getúlio Vargas, é então promovida uma reforma na educação e com a mesma se cria o estatuto das universidades, desenvolvendo um modelo para o ensino superior brasileiro. Desde então e até aos dias de hoje, o país superou alguns desafios e, atualmente, praticamente todas as crianças chegam à escola, mas problemas persistem, pois a porcentagem dos brasileiros que se mantêm nas carteiras escolares cai acentuadamente na medida em que se avança na faixa etária e níveis de ensino. Segundo a Unesco, nosso país encontra-se reprovado quanto à questão da alfabetização, uma vez que ainda falta alfabetizar 3,5 milhões de pessoas (população superior ao número absoluto de habitantes em um país como o Uruguai) e em nível inferior aos índices percentuais de países vizinhos como Chile, Argentina, Uruguai, Paraguai, Equador, Colômbia, Venezuela e Bolívia.

A estrutura escolar brasileira compreende os níveis superior e básico e este, por sua vez, dividido em três etapas: educação infantil, ensinos fundamental e médio e três modalidades de ensino: educação especial, educação de jovens e adultos e educação profissional. No país existem cerca de 195 mil instituições de educação básica, das quais cerca de 157 mil são públicas e 37 mil (quase 19%) privadas (de acordo com o Censo da Educação Básica de 2011). Entre as instituições de educação superior, do total da rede de quase 2.400 unidades, cerca de 280 são públicas (menos de 12%) e 2.100 privadas. O ensino básico, por sua vez, é amplamente dominado pela rede pública (81%), enquanto no ensino superior, como se viu, a maioria das instituições (88%) é mantida pela rede privada. O sistema educacional brasileiro é responsabilidade direta do Ministério da Educação e Cultura (MEC).

III. A avaliação da educação brasileira

Antes dos anos 1970 as práticas de avaliações externas não eram aplicadas no Brasil. Cada escola e cada professor avaliava seus alunos e a diversidade de meios e critérios tornava impossíveis comparações entre escolas, mesmo que pertencendo à mesma rede de ensino. Era comum se associar o maior ou menor rigor no processo avaliativo a indício de qualidade de ensino e, assim, criava-se a imaginária situação de escolas "fáceis" ou "difíceis", sem que se pudesse afirmar que estas possuíam qualidade de ensino melhor que aquelas. Para ingresso em um curso superior, o número de vagas disponíveis acabava por determinar maiores ou menores dificuldades e, dessa forma, boas escolas eram as escolas que se faziam mais rigorosas e elitistas.

A prática da avaliação externa começou nos anos 1970 inicialmente nos cursos de pós-graduação e rapidamente se expandiu para o ensino superior e para a educação básica, nos anos 1990, com o Saeb. Desde então, essas avaliações tornaram-se corriqueiras, os *rankings* entre escolas se popularizaram e são hoje prática de tal forma generalizada que professores mais novos na profissão sequer imaginam o quanto essa prática é recente.

O Instituto Nacional de Estudos e Pesquisas Educacionais Anísio Teixeira (Inep), autarquia ligada ao MEC, possui seis instrumentos para avaliar a qualidade do ensino e o rendimento da educação dos estudantes brasileiros, sendo três na educação básica e três no ensino superior. Os resultados de cada um desses indicadores inspiram fundamentos para a definição de políticas públicas que visam à melhoria da qualidade do ensino. Abaixo uma síntese desses instrumentos:

- **Sistema de Avaliação da Educação Básica (Saeb)**
  A partir do ano 2005, a aferição da qualidade da educação básica pelo governo federal passou a ser realizada por meio de duas avaliações, reunidas pela sigla Saeb: a Avaliação Nacional da Educação Básica (Aneb), que analisa o Sistema Educacional de cada unidade da federação, tanto da rede pública quanto da rede privada, sendo habitualmente mais conhecido como Saeb, e a Avaliação Nacional do Rendimento Escolar, com ênfase nas unidades escolares da Rede Pública por meio da Prova Brasil. A cada dois anos, a prova do Saeb é aplicada aos alunos do 5º e do 9º anos do ensino fundamental e do 3º ano do ensino médio.

- **Índice de Desenvolvimento da Educação Básica (Ideb)**
  Criado por meio do Plano de Desenvolvimento da Educação, o Ideb é um indicador de qualidade do ensino que varia em uma escala de

0 a 10, e esse índice leva em conta as informações do Censo Escolar da Educação Básica, que registra os dados de avaliação por escola, município e estado, das avaliações do Saeb e Prova Brasil.

- **Exame Nacional do Ensino Médio (Enem)**
Criado em 1998, o Enem tem como meta essencial avaliar o desempenho dos estudantes ao término do ensino médio. O exame é anual, de caráter não obrigatório e destinado aos alunos concluintes ou que estão concluindo esse nível de ensino. O Enem é usado também como alternativa aos vestibulares, ou seu complemento, por inúmeras universidades brasileiras. Atualmente, mais de 1.200 faculdades fazem desse exame um instrumento complementar de seu vestibular. A prova verifica a capacidade do aluno em se utilizar de seu potencial crítico, resolver problemas e avaliar seu papel social, sendo composta de uma redação e uma parte objetiva. Os resultados do Enem são também utilizados como critério de seleção para os alunos que pretendem concorrer a uma bolsa do Programa Universidade para Todos (Prouni).

Especificamente para o ensino superior, o país possui outros três instrumentos de avaliação: o Sistema Nacional de Avaliação da Educação Superior (Sinaes), a avaliação da Capes para programas de pós-graduação *stricto sensu* e, ainda, o Índice Geral de Cursos Avaliados da Instituição (IGC) que, criado em 2008, considera os cursos de graduação e de pós-graduação para conferir um conceito geral a cada instituição de ensino superior.

A estrutura desse sistema educacional é ainda relativamente nova, sobretudo se comparada com a de países que estão em situações confortáveis nos *rankings* do Pisa. Somente com a redemocratização do país no final da primeira metade da década de 1980 teve início o processo que acabou dando à educação brasileira a configuração que hoje apresenta. Até então se desenvolvia o modelo educacional que emergiu com a Proclamação da República (1889), no qual prevalecia um sistema de ensino público com poucas escolas efetivamente de alto padrão e que, pela disputa que impunha aos candidatos, se prestava apenas à formação de uma elite, restando à imensa maioria de brasileiros apenas um acesso garantido ao ensino primário e ainda assim restrito a pontos esparsos e mais desenvolvidos.

A Lei de Diretrizes e Bases da Educação Nacional, sancionada em 1996, lançou bases para o primeiro Plano Nacional da Educação (2001) e definiu os deveres do Estado, os direitos da população, a criação de mecanismos de acompanhamento da qualidade do ensino, a organização de ensino e a profissionalização dos educadores. Ainda assim, o esforço para garantir a universalização do ensino a todos (mais de 90% dos alunos brasileiros dos 2 aos 17 anos frequentam a escola) implicou excepcional aumento quantitativo de matrículas (98% das crianças brasileiras com a idade adequada ao ensino fundamental estão atualmente matriculados), fato que impôs uma necessidade urgente de professores e, como consequência, a proliferação de cursos de Licenciatura e Pedagogia sem qualquer respaldo de qualidade. Situação problemática que até hoje o país enfrenta.

Assim, o primeiro instrumento de avaliação em larga escala da qualidade de nossa educação foi criado em 1990 (Saeb), complementado em 2005 pela Prova Brasil, enquanto países com nível de educação mais consolidada há bem mais tempo tinha condições de aferir suas imperfeiçoes e buscar sanar seus problemas mais agudos. O caráter ainda em processo de consolidação do Sistema Educacional e sua pequena antiguidade histórica traz esperanças de melhoria, alentadas pelos resultados das últimas duas décadas, quando se resolveu definitivamente a questão do acesso dos alunos ao ensino fundamental, se criaram instrumentos para o acompanhamento da qualidade das redes de ensino e escolas particulares e se definiu um plano de educação — PDE —, mostrando tendências em consolidar sua continuidade e efetividade. Por outro lado, é claramente perceptível que a educação brasileira vem apresentando progresso, ainda que em ritmo inferior ao que seria necessário para suplantar nossas barreiras. O número médio de anos de estudo da população com 25 anos ou mais aumentou em todas as faixas etárias na primeira década do século XXI, conforme analisado pelo estudo "Indicadores do Desenvolvimento Brasileiro", divulgado em fevereiro de 2013. A pesquisa verificou também que as taxas de frequência à escola ou creche mostraram melhora no acesso à educação, em especial para os menores de 17 anos. Segundo tais indicadores, esse é o resultado de um esforço conjunto da União, estados e municípios. Houve crescimento constante nas taxas de frequência, em todas as faixas etárias: de 4 a 5 anos, de 55,1% em 2001 para 78,2% em 2011. O estudo destaca a universalização do ensino fundamental, com 98,3% das crianças de 6 a 14 anos frequentando a escola, e também a queda progressiva dos índices de analfabetismo. A taxa de analfabetismo na população com 15 anos ou mais diminuiu, passando de 12,3% em 2001 para 8,4% em 2011. Houve queda em todas as regiões. No Nordeste, região que apresentava índice mais elevado, a redução foi mais acentuada, de 24,2% em 2001 para 16,9% em 2011.

Em síntese: uma comparação da educação brasileira com a que é desenvolvida em muitos outros países, mesmo na América Latina, mostra que temos ainda muito a caminhar. Mas, se muito necessita ser feito, importa perceber que tudo está sendo feito, embora inúmeras vezes com desgaste de energia e com resultados por tão frequentes ações em caminhos contraditórios.

IV. A triste geografia da educação no Brasil

Os mais recentes índices de desenvolvimento da educação básica (Ideb) ou mesmo os apresentados pelo Pisa são extremamente significativos, menos pelos números que exibem e bem mais pela maneira persistente com que se assemelham com avaliações anteriores. Dessa maneira, o que importa levar em conta é bem menos "como estamos" e perceber que o último dos retratos sempre se identifica com retratos anteriores, em preocupante condição estagnada. Nesse sentido, dados estatísticos deste ou daquele ano infelizmente não se desatualizam, pois o que importa não são os detalhes de sua expressão, mas a persistência com que nos mostram que não evoluímos. Por essa razão, vale mais perceber onde erramos e não o quanto erramos.

Assim, levando em conta o desempenho de todas as escolas do país, incluindo escolas públicas e particulares, nos últimos três anos evoluímos de 4,6 para 5,0 (2012), enquanto na rede pública a evolução foi de 4,4 para 4,7. Esqueçam-se os números: a saúde de qualquer paciente não melhora se sua febre caiu alguns décimos, mas mantém-se em nível de risco. Não importa, assim, pensar com quais números nos apresentaremos em avaliações dos anos que virão, mas sim, efetivamente, o que temos que fazer agora para sair de um estado caótico para uma condição de saúde educacional. Avanços tímidos, no contexto em que nos encontramos, não são avanços. Desconsiderando assim as cifras e olhando bem mais sobre o que expressam conjuntamente, percebe-se:

- É extremamente crítica a situação da educação brasileira olhando-se de forma geral, ainda que nesse cenário pontifiquem-se exceções tanto em redes municipais como, principalmente, no que diz respeito a escolas particulares. É bom verificar expressiva qualidade de ensino em muitas escolas particulares, mas é importante não esquecer que cerca de 85% do alunado brasileiro frequenta escola pública e que muitas escolas particulares são de qualidade extremamente baixa.
- A escola particular no país, tanto na educação básica quanto no ensino médio, apresenta situação claramente superior aos resultados das escolas públicas, mas essa superioridade, a não ser em certos casos, não implica se afirmar que desenvolvem um bom ensino, quando confrontadas com o ensino que se desenvolve em países da América Latina, América do Norte, Europa e Ásia. Constitui, a nosso ver, um raciocínio perverso acreditar que toda a rede de ensino particular seja de boa qualidade se comparada com outra de qualidade péssima.
- As escolas públicas de melhor desempenho no país estão geralmente vinculadas a universidades ou a academias militares e, nesse sentido, são muito poucas em comparação com aquelas que são oferecidas à maior parte do alunado brasileiro. Outro aspecto significativo é destacar que as escolas públicas brasileiras mais bem situadas e com qualidade tão boa quanto a das boas escolas particulares são as que, podendo selecionar seus alunos para as vagas oferecidas, se contrapõem às escolas públicas comuns, que

matriculam todos quantos a procuram. Esse referencial vale também para escolas particulares e há notória diferença de qualidade entre as que necessitam matricular alunos para equilibrar sua receita ou aumentar seu lucro e outras que, bastante procuradas, não os matriculam sem uma seleção.

- As escolas públicas ou particulares que apresentam níveis de suficiência precários se fazem presentes em todas as unidades da Federação e, nesse sentido, não é correta a correlação entre o desenvolvimento econômico e social e a qualidade da educação oferecida ao alunado brasileiro.
- As "ilhas de exceção" públicas ou escolas particulares de boa qualidade existentes no país não se acham vinculadas a novos modelos implantados, fato que demonstra que os fatores de qualificação dependem bem mais de iniciativas pontuais ou regionais específicas que de medidas governamentais específicas produzidas para uma ou outra finalidade.
- As redes municipais ou estaduais de ensino e as escolas particulares que apresentam desempenho bem acima da média nacional alcançaram esses resultados em face de um conjunto sistêmico de fatores que envolvem a capacitação docente, a ação gestora, o envolvimento familiar, as estratégias de ensino, a maneira de se trabalhar o conteúdo ministrado, os meios de atendimento aos alunos com dificuldades e ainda outras ações claramente identificáveis e possíveis de ser estendidas para outras situações e que envolvem a firmeza e convicção de realmente "onde querem chegar" em relação à qualidade de ensino, além de ações na área da higiene, saúde, participação do terceiro setor, questões de segurança e ainda outras complementares.
- Não se identificam correlações diretas entre o nível salarial docente do estado ou município e a qualidade da educação proposta. Percebe-se que estímulos à carreira, condições de trabalho, valorização profissional e eventuais "prêmios" ao mérito alcançado costumam surtir efeitos mais positivos que o salário observado de maneira específica. De igual maneira, não existe correlação direta entre as condições materiais dos edifícios escolares e a qualidade do desempenho discente, ainda que se observe que investimentos

que alcancem a globalidade das condições educacionais — prédios, recursos audiovisuais e eletrônicos, material didático, cursos de capacitação e atualização docente, atendimento médico e alimentar ao aluno, atendimento individual a alunos com dificuldades específicas, duração do turno escolar, transporte, vestuário, equipamentos e outros fatores — estão geralmente associados a casos de evolução nos índices e resultados conquistados. Investir mais é ação imperiosa e imediata, mas usar bem o dinheiro investido é ainda mais importante que a quantidade.
- A educação brasileira (na contramão do que se observa na maior parte dos países bem situados nas avaliações internacionais) parece ainda não ter aprendido como ajudar os alunos mais fracos e, nesse sentido, a ideologia da "inclusão" que com tanto alarde se divulga necessitaria contemplar efetivamente "todos" os alunos, muitos dos quais com dificuldades de aprendizagem superadas com atenção especial.
- Embora a progressão da qualidade da educação no país se mostre lenta e bem abaixo da que se registra em alguns países vizinhos, ela é mais notória no ensino fundamental que no ensino médio, este sim o ponto nevrálgico da crise educacional brasileira e onde é maior a lacuna entre as redes públicas e privadas.

Esse quadro atual da educação brasileira requer, assim, algumas medidas imediatas que, com ousadia e coragem, precisam ser implantadas, ainda que necessitando superar inevitáveis pressões internas. Entre essas medidas, cabe destacar:

- É essencial e urgente que as políticas de educação necessitam ser de Estado e não de governos e, com isso, banindo o vício perverso da descontinuidade, que leva a se esvair mudanças positivas sempre que se alternam os governos federal, estadual e municipal. A educação requer clareza e transparência nas metas programadas tanto para as políticas públicas quanto para as expectativas de aprendizagem para cada uma das etapas do ensino.
- É urgente se despertar a atração pela carreira docente, ampliando progressivamente sua aceitação social com a garantia de salários,

condições de trabalho adequadas e formação que alterne fundamentação teórica com práticas supervisionadas da ação gestora e docente. A seleção para a carreira docente necessita se impor como rigorosa, assim como o desempenho do professor em sala de aula. Mais bem preparados, conscientes de que uma certificação não garante a perpetuidade da ação docente, os professores necessitam também dispor de condições amplas para refletir sobre sua prática, trocar modelos exitosos de administração da aula e, assim, planejar estratégias de ensino condizentes com a melhoria da formação dos alunos.

- Os professores brasileiros, em sua significativa maioria, precisam com urgência libertar-se da aula expositiva (ou discursiva) como estratégia única de aprendizagem que desempenham. Fruto de tempos em que a missão docente era essencialmente "transmitir informações", a aula expositiva perdeu sua razão de ser e novas estratégias condizentes com o protagonismo do aluno, sua aptidão para fazer do aprendizado a competência da ação, a percepção mais ampla sobre sua vida, seu entorno e suas descobertas como uma efetiva leitura do mundo e o uso conveniente e exploratório de suas habilidades que, com tanto sucesso, são utilizadas em raras escolas do país e em escolas mundiais paradigmáticas, necessitam adentrar as salas de aula em todo o país, da Educação Infantil ao ensino superior. Importa destacar que essa estratégia é de prática fácil, pois permite a mesma informação a múltiplos ouvintes, mas representa uma péssima forma de produzir aprendizagem, levando em conta pesquisas atuais sobre a cognição e a memória humana. Ressalte-se que no ensino médio um passo significativo nessa direção foi e está sendo dado com a popularização das avaliações do Enem, bem mais adequadas à exploração de uma aprendizagem efetivamente significativa que, como anteriormente desenvolvida nos tradicionais "cursinhos", se voltava quase que exclusivamente para uma alienante "decoreba", em que o aluno resolvia questões de maneira mecânica e mnemônica.
- A gestão escolar deve priorizar a competência gerencial e sistêmica do gestor e ser pautada pela efetiva parceria com os professores, as famílias dos alunos e a comunidade em geral, garantindo

assim que a escola seja sempre o ponto de referência nas metas e anseios para o futuro e na formação de mão de obra capacitada. Mais ainda, deve ser dotada de arrojo e empreendedorismo para buscar parceria e para sentir-se efetivamente sintonizada com programas e projetos exitosos nacionais ou internacionais.

- É importante a atenta leitura das mensagens que emergem dos sistemas de avaliação da qualidade da educação, garantindo que os resultados sejam fontes inspiradoras para a criação de políticas públicas que superem as deficiências encontradas e coloquem a formação do aluno brasileiro em nível compatível com a que apresentam muitos alunos estrangeiros que atualmente suprem as necessidades técnicas. Importa destacar que não existe nesta afirmação qualquer sentimento de restrição ao estrangeiro. Ao contrário, sempre fomos um país acolhedor e com intenções multiculturais, mas é constrangedor perceber como nosso mercado de trabalho atualmente necessita importar qualidade humana.
- É importante que a sociedade brasileira de maneira geral e as famílias dos alunos matriculados de forma mais específica desenvolvam uma cultura de valorização da educação e que esta se estenda muito além do acesso às escolas e da cessão de uniforme e material didático, evoluindo para uma consciência de cobrança sobre a qualidade do ensino e para a descoberta de seu papel, ajudando a criar em seus filhos hábitos de estudo e gosto pela pesquisa.

Finalmente, é essencial que a educação brasileira assuma plenamente as metas da Unesco para a educação do século XXI e, dessa maneira, ultrapasse o limite desgastado da transmissão de conhecimentos e das superadas aulas expositivas, incorporando a essência do "aprender a conhecer e a aprender", usando os recursos tecnológicos que transmitem informações para que estas inspirem debates, reflexões, proposições e soluções de problemas. Ao mesmo tempo é importante que a escola também eduque os alunos para a vida comunitária e para projetos em grupos, incorporando o empreendedorismo que flui da ação coletiva; assim, buscando o aluno a efetivamente "ser mais", este poderá explorar habilidades e competências que transformem o saber em ação, valorizando a cultura, a arte, os esportes e a tecnologia. Esse é o verdadeiro sentido de uma escola para todos e uma educação para sempre.

V. As redes educativas ou escolas bem avaliadas no Ideb e o que podem nos ensinar: a experiência inspiradora

A Fundação Lemann e o Banco Itaú BBA são instituições incontestáveis e os trabalhos e pesquisas que desenvolvem no campo da educação brasileira animam reflexões sobre o que existe de melhor em nosso ensino público e, principalmente, de que forma expandir as experiências exitosas que fluem de seus estudos. Uma de suas pesquisas mais recentes (apresentadas no início de 2013) mapeou escolas públicas nos anos iniciais do ensino fundamental que atendem alunos de nível socioeconômico baixo e que, considerando os resultados da Prova Brasil 2011 e do respectivo Ideb, apresentaram sucesso no aprendizado. Desnecessário destacar que esse estudo, pela profundidade e seriedade com que foi conduzido, pode e deve representar sentimento inspirador para que possa acontecer em todo o país, não apenas para alunos de baixo nível socioeconômico.

Para a concretização desse estudo, as escolas deveriam apresentar uma taxa de participação de 70% dos alunos na Prova Brasil, com ao menos 70% dos alunos no nível adequado de proficiência e no máximo 5% dos alunos no nível insuficiente, elementos que sinalizam ensino no qual os alunos, com equidade, efetivamente demonstram o que aprenderam. Das 215 escolas com essa situação, foram selecionadas seis para a etapa qualitativa da pesquisa: duas na região Nordeste e cada uma das restantes nas outras regiões geográficas brasileiras. Pesquisadores visitaram essas escolas, entrevistaram seus diretores, coordenadores pedagógicos e um trio de professores. Mais ainda, os alunos foram ouvidos e aulas assistidas, bem como houve observações sobre o ambiente escolar. Impossível abrangência maior. Quais os "achados" e em que medidas usá-los como fontes de inspiração?

O primeiro ponto de referência é a significação do engajamento integral das Secretarias de Educação. Com Secretários e Secretárias saindo a campo nos municípios de Sobral e Pedra Branca no Ceará e em Foz do Iguaçu no Paraná, esses protagonistas responsabilizaram-se por olhar os resultados das avaliações, identificar pontos fracos no aprendizado e criar um plano estruturado de recuperação do ensino. Nada diferente, por exemplo, do médico que examina a radiografia com explícita finalidade de descobrir o mal e atacá-lo com proficiência. Em Foz do Iguaçu, por exemplo, os dados da avaliação são tabulados e os conteúdos curriculares em que os alunos apresentam dificuldade maior se tornam matéria de cursos de formação continuada para docentes. É evidente que, quando em uma turma, mais de 80% dos alunos erraram determinado tema, está implicitamente eleito um assunto essencial na capacitação docente. Pode haver medida mais simples e resultados mais imediatos?

A dedicação pessoal dos Secretários se complementa com a criação de uma tutoria com equipe de educadores da própria rede e, dessa forma, não basta à gestão municipal exigir melhoria, mas compreender suas dificuldades e contar com ajuda especializada na solução das mesmas, tanto no plano físico do ambiente escolar, se for o caso, como principalmente na orientação pedagógica. Essa ação tutora parece-nos crucial e lembra estratégia mais ou menos análoga desenvolvida pelos professores que mais se destacam no ensino com crianças com dificuldades de aprendizagem em Xangai, uma das províncias chinesas no topo dos resultados de avaliações internacionais. Em Pedra Branca, por exemplo, se a escola, por meio dessas avaliações, identifica um docente que consegue efetivamente ensinar aos alunos determinado conteúdo, este professor ou professora é selecionado para dar apoio aos colegas e explicar seu método e suas estratégias aos demais. A ideia subverte a perversa e errônea concepção tão tristemente comum no Brasil de que os melhores são "promovidos" para escolas com alunos melhores ou, pior ainda, para cargos administrativos e burocráticos.

Percebe-se, assim, que essa "receita" é mais simples que se pode acreditar e, ao mesmo tempo, desmistifica que um salto para o alto significa necessariamente recursos tecnológicos avançados e um material didático de custo elevado. A essas ações, estudos de casos pesquisados destacaram a clara definição de suas metas e a consciência de que quem não sabe para onde vai não chega a lugar algum. Importa concluir que "ganhar o jogo da educação" não é apenas glória e sucesso, é também necessidade e obrigação.

VI. A caminho do progresso ou as raízes da mudança

Imagine a roda de uma carroça ou mesmo de uma bicicleta. À primeira vista se percebe a importância crucial do eixo, sem o qual aquela não existe. Desse eixo, partem hastes ou raios que dão firmeza a esse artefato, e cada um deles, ainda que independentes entre si, permite a essa roda sua finalidade essencial. A figura do eixo de seus raios representa uma metáfora dos elementos que caracterizam escolas de qualidade e ensino significativo nas redes municipais de educação que conquistam resultado exitoso. Tivemos a oportunidade de visitar muitos desses ambientes de escolaridade e, mesmo para outros que não pudemos ainda visitar pessoalmente, contatos com Secretários Municipais de Educação, coordenadores e professores nos mostraram as práticas realizadas, a singular identidade entre todas elas sejam quais fossem as condições em que estavam instaladas e fixaram a imagem da metáfora. É evidente que uma rede municipal de ensino de um estado brasileiro do Sudeste, por exemplo, guarda substanciais distâncias com outra da região Sul ou de nossa Amazônia, mas ainda que circunstâncias particulares mostrassem adaptações inevitáveis, prevalecia a certeza de um eixo, aqui simbolizado pela Secretaria de Educação e seus raios que correspondiam à ação de diretores e coordenadores, alunos e professores, familiares e funcionários não docentes da unidade escolar. Esses "raios", ainda que demonstrando atuar de forma autônoma e independente, emergem desse eixo central no qual um planejamento pedagógico realista e cumprido em minúcias justificasse o sucesso. Em síntese, transformar uma rede municipal de ensino decadente e distante das metas essenciais ao desenvolvimento brasileiro em outra na qual os resultados do Ideb mostram crescimento e vigor não representa tarefa utópica ou sonho distante, senão a coragem em se "arregaçar as mangas", integrar a comunidade em torno da busca da excelência e aprender com quem faz de maneira correta o que seria desejável que todos pudessem também fazer. Apresentamos, assim, as hastes ou raios que emanam do eixo central, estruturado em um planejamento decisivo e realista:

Diretor ou diretora da escola

Aos diretores de escola cabe:

- Demonstrar persistente empenho em identificar na rede os melhores professores, pelo desempenho individual de seus alunos, e criar condições para que aqueles ensinem aos demais suas práticas, sugerindo estratégias e procedimentos significativos. A finalidade desses docentes jamais será a de "doutrinar" seus colegas e impor modelos, mas sugerir ações significativas. É impressionante a força educativa presente em toda rede de ensino que, entretanto, muitas vezes se neutraliza pela falta de trocas de experiências, relatos de situações e uniformização de condutas positivas.
- Mostrar envolvimento direto no processo de ensino e aprendizagem, assistindo sempre que possível a algumas aulas ministradas pelos professores, conversando com os alunos e mantendo em toda a equipe um clima de confraternização positiva e um sentimento de que sucesso escolar é sempre trabalho sistêmico e integração docente.
- Atualizar-se e se manter conhecedor do planejamento pedagógico e estudioso das características inerentes aos sistemas de avaliação a que os alunos são submetidos. Analisar em profundidade os desafios da "Prova Brasil" ou outras formas de avaliação e convencer-se de que uma boa aprendizagem jamais se isola de uma coerente e contínua avaliação.
- Ser um propositor e animador de estratégias de aulas protagonísticas em que o aluno sai da condição de "observador" para a ação

de "ator" em seu processo de crescimento. Tornar-se um poderoso auxiliar dos professores em mostrar diferenças entre uma aula monótona e repetitiva e estratégias que contemplem situações de aprendizagem desafiadoras e participativas.

- Ser também um animador de alunos, conversando com a classe ou com grupos, instigando-os à superação de desafios, interrogando-os positivamente, promovendo competições entre grupos, envolvendo-os em atividades em que se sintam estimulados alegremente em domínio e uso de habilidades e na transformação de aprendizagens e competências.
- Como profissional consciente da existência de níveis diferenciados de aprendizagem e criador atento de espaços e aulas de reforço, buscar com persistência a recuperação de deficiências, compreendendo grupos com dificuldades de aprendizagem específicas e promovendo situações que garantam a esses alunos atendimento especial.
- Agente integrador da família com a escola, deverá levar sua equipe docente a manter aberto diálogo permanente com os pais, ensinando-os como animar em seus filhos o gosto pela leitura, como entusiasmar os filhos pela aprendizagem. Sem a formalidade explícita de fazer no estabelecimento uma "escola de pais", desenvolver a plenitude da integração familiar, não hesitando — e quando necessário, junto com professores e coordenadores — em visitar famílias mais arredias, atraindo-as para a construção de uma verdadeira comunidade educativa onde lar e escola não se separam.
- Propiciar aos professores, com a perene preocupação do aprimoramento de sua equipe, oportunidades múltiplas para que possam crescer, tanto pela formação de pequenas bibliotecas como por convites para que criem com colegas de outras escolas da rede e de municípios vizinhos uma "comunidade educativa" desafiadora e integradora.
- Manter-se como verdadeiro agente que sempre se coloca à procura de parcerias entre a escola, o terceiro setor e empreendimentos comerciais e industriais do município, desenvolvendo uma cultura de que "amigos da escola" são necessários, apoiando iniciativas que possam elevar o preparo da equipe docente e o nível cultural dos alunos.

- Manter-se atento a programas e projetos, tais como olimpíadas culturais e de matemática, animando alunos e professores a uma integral participação.

O coordenador educacional e/ou pedagógico

Como analista e executor do planejamento pedagógico, o coordenador deverá acompanhar professores e alunos de toda a rede no pleno envolvimento aos objetivos desse planejamento. Ainda que compreendendo peculiaridades específicas de uma ou de outra escola, deverá se esforçar na busca de uma uniformidade, inclusive propondo trocas culturais entre equipes docentes de uma escola e de outras. Deverá, ainda, pensar em si mesmo e em sua função como:

- Personagem presente muitas vezes na escola na "hora do recreio" cercando-se dos alunos, conversando com grupos, ouvindo suas dúvidas e seus interesses, demonstrando efetiva preocupação pelo desenvolvimento uniforme e integral de todos os alunos. Muitas vezes um "inocente" e descontraído "bate-papo" com alunos revela situações conflitantes de sala de aula que, trabalhadas no início, permitem superação de dificuldades que tendem a crescer. O coordenador deve ser visto pelos alunos como um animado desafiador, interrogando-os sem qualquer pressão, propondo "situações problemas" que espera serem resolvidas com fundamentos apreendidos em classe.
- Agente educacional que sempre que possível assiste a aulas ministradas pelos professores não como um "fiscal", mas como profissional mais experiente que, se necessário, sugere uma ou outra ação alternativa e que comenta experimentos observados por outros professores em outras escolas. Algumas vezes, sugestões simples sobre como administrar questões de indisciplina, a maneira mais coerente de se usar este ou aquele recurso e a estratégia de se organizar atividades avaliativas produzem mudanças significativas na ação docente, aprimorando a qualidade do professor e ocasionando maior facilidade para alcance de seus objetivos pedagógicos.

- Um ponto de contato entre o professor e os pais, entre a escola e a família, ajudando uns e outros na complementação da formação dos alunos. Atento observador de alunos com dificuldades específicas e encaminhando os mesmos a atividades de recuperação.

  A meta essencial visada por todo coordenador é a de que a progressão dos alunos jamais deva abrigar a falácia de "deficiências aceitáveis" relativas à aprendizagem integral. "Empurrar o aluno para uma aprovação, mesmo que a expressão de suas competências seja incompleta" não pode jamais ser admitido e, nesse sentido, promover aulas e atividades de reforços para sanar essas limitações será sempre sua meta primordial. Um aluno que, por exemplo, dominou ¾ dos conteúdos ministrados é portador de uma carência que requer reforço e, dessa maneira, não deve prosseguir seus estudos sem a complementação dessa lacuna. Conhecer, por exemplo, ¾ dos conteúdos de matemática significa dominar somente operações de soma, subtração e multiplicação e, assim, aprendizagem insuficiente, posto que o domínio em saber operar a divisão é elemento tão essencial em sua aprendizagem quanto saber as outras três operações. Em síntese, deve saber que todo agrupamento de alunos abrigará sempre os bons, os regulares e os fracos, mas que estes possam sempre operar com segurança os desafios essenciais de qualquer avaliação. Assumir alunos na rede com conhecimentos mínimos incompletos, aceitando essa condição como natural, significa conformar-se com desempenhos irrisórios. Tal como não se pode aceitar saúde incompleta quando é possível a saúde integral, não se pode aceitar aprendizagem com "brancos" quando a meta é aprendizagem plena. O reforço escolar e as revisões de conteúdos não devem ser propostos apenas para alunos considerados "fracos", mas para todos que não são "excelentes".

Professores

Estes necessitam perceber-se como "agentes" no processo da aprendizagem e, dessa maneira, ensinar seus alunos a aprender, valendo-se de conhecimentos estabelecidos (matérias) não para que os alunos simplesmente os acolham, mas que façam de sua aprendizagem instrumento para sua ação cotidiana. É essencial ainda que:

- Conheçam, em profundidade, o universo vocabular de seus alunos e, nesse sentido, desenvolvam aprendizagens através do uso peculiar e específico desse vocabulário, atuando como uma espécie de "tradutor" dos saberes convencionais explicados em livros e outros meios para linguagem plenamente compreensível de todos. A ampliação do vocabulário do aluno é desejável, mas, apenas após sua consolidação, devem as explicações do professor valer-se de termos e expressões não comuns em sua fala coloquial.
- Possam ajudar os alunos a refletir sobre sua aprendizagem por meio do uso frequente de habilidades operatórias e dessa forma habilitá-los a comparar, descrever, narrar, classificar, sintetizar, analisar etc.
- Transformem aprendizagens em competências, levando seus alunos a operar conhecimentos adquiridos nas ações de seu cotidiano, permitindo que percebam, por exemplo, o valor da aritmética nas compras que eventualmente fazem e a língua portuguesa em sua capacidade diária de expressão e de comunicação.
- Substituam longas explicações nas quais os alunos atuam apenas como expectadores em aulas participativas e proponham problemas para que sejam resolvidos preferencialmente em grupos, levando os alunos a uma concepção de aprendizagem protagonística e envolvente. É essencial que se proponham múltiplos problemas ligados ao cotidiano e que estes possam ser refletidos e resolvidos com as aprendizagens que progressivamente vão construindo.
- Associem a aprendizagem à avaliação e dessa forma percebam dificuldades ou progressos a cada dia, em todas as instâncias. É importante não avançar na programação senão quando conscientes de que se superou uma etapa do domínio de aprendizagens plenas em significações.
- Administrem com firmeza questões de indisciplina e compreendam que cada aula necessita abrigar aprendizagens novas, novos desafios e outras maneiras de se proceder à leitura do tempo e do entorno.
- Conheçam jogos pedagógicos operatórios e fazer desses jogos estratégias de aprendizagens ou recursos de uma avaliação con-

tínua e progressiva, ampliando em seus alunos a capacidade de percepção sobre novas linguagens, ajudando-os a interpretar textos, mensagens orais, mapas, fotos e desenhos.

- Estabeleçam laços de proximidade com a direção da escola, a coordenação e a família dos alunos para que o processo de aprendizagem se faça significativo; não hesitem em buscar sempre novos conhecimentos com a coordenação e com colegas mais experientes, alterando, assim, ações procedimentais por outras que acreditam mais funcionais e pertinentes.
- Mantenham atitude aberta a novas aprendizagens, buscando-as com pesquisas, leituras, contatos com colegas. É fundamental que instiguem em seus alunos o apreço pela leitura e o gosto pela pesquisa.
- Tornem-se "especialistas" em sistemas de avaliação desenvolvidos e preparem seus alunos para esses desafios, sem abdicar de sua função educadora e, nesse sentido, agregando sempre, aos conteúdos conceituais ministrados, propostas para ações atitudinais e procedimentais.
- Busquem sempre que possível o prolongamento do tempo do aluno na escola, preenchendo esse tempo com atividades desafiadoras e voltadas para a superação de eventuais dificuldades, ensinando na sala de aula, mas também no pátio, na horta escolar, como também por intermédio de leituras e programas que proponham a seus alunos.

Alunos

Como elemento central em todo processo de aprendizagem, os alunos, independentemente de sua idade, necessitam ser despertados e levados a descobrir o gosto pela pesquisa, a curiosidade latente e duradoura, ser persistentes e sistematicamente avaliados e descobrir que sua escola os desafia e confia em sua constante e progressiva transformação. Assim sendo, precisam ser construídos como:

- Personagens que, independentemente de sua idade, descubram sua escola como um espaço desafiador e que os quer como protagonistas ativos na construção de novos conhecimentos, no relacionamento com seus colegas, aprendendo como se aprende e fazendo dessa aprendizagem instrumento contínuo de sua mudança; verdadeiramente "pessoas" que sabem transferir para seu cotidiano e sua leitura de mundo as aprendizagens que vão, aos poucos, conquistando.

- Pessoas que mostram gosto e interesse em ser desafiadas e superar esses desafios e que, espontaneamente, sabem agregar aos conteúdos apreendidos em classe outros conteúdos que observam em outros ambientes, meios ou linguagens.
- Personalidades comprometidas com a vontade de aprender cada vez mais e que demonstram gosto sincero em ser desafiadas, participando de torneios e gincanas culturais, atividades teatrais, grupos de estudo e de "olimpíadas" culturais de diferentes naturezas.

Considerando esses quesitos, é perfeitamente natural que em muitos casos e em virtude de sua pouca idade, os alunos não se mostrem preparados para perceber se o trabalho realizado por seus professores é eficiente ou não, se a gestão de sua escola é válida ou inútil. Nem sempre os alunos se mostram capazes de diferenciar uma aprendizagem mecânica e repetitiva, sem qualquer valor como meio de transformação, de uma aprendizagem significativa e dinâmica, capaz de fazê-los agentes de outras aprendizagens e aptos para transferir o que aprenderam para sua necessária leitura do mundo, compreensão do entorno e bons resultados nas avaliações externas a que são submetidos. Raramente esses alunos se tornam capazes de perceber as deficiências do ensino recebido, e quando, bem mais tarde, o percebem, já são figurantes de mais uma triste geração perdida ou de algum dado estatístico da evasão escolar. Assim, toda criança que, por sua idade, não seja capaz de compreender os limites de uma educação imperfeita necessita de adultos que a ajudem.

É por essa razão que acreditamos que uma busca de resultados não pode se basear na opinião do aluno e muitas vezes de seus pais sobre o significado da aprendizagem que recebem. Uma solução encontrada por algumas redes municipais exitosas foi designar visitas periódicas às escolas de equipes de "agentes educacionais" preparados para detectar problemas e sugerir propostas. Para superar essas deficiências, assim:

- Sempre que possível, é essencial uma jornada escolar de maior duração; alunos mais tempo em salas de aula, com professores preparados para ocupá-los construtivamente. É praticamente impossível colocar em dúvida o sucesso de um ensino em que os professores raramente faltam e no qual o aluno fica mais tempo na escola, tendo mais aulas ou participando de outras atividades, sempre centradas no desafio de uma aprendizagem eficiente.
- É de fundamental importância sua maior participação em aulas de laboratório, excursões, estudos de campo e salas ambientes. Uma estratégia por vezes exitosa é reconhecer que muitas vezes alguns alunos bem preparados representam eficientes "professores" de seus colegas mais fracos; usando linguagens idênticas, essa ação voluntária de monitoria não apenas ajudou alunos em dificuldades, como se instituiu em proccdimento eficiente no desenvolvimento da autoestima desses monitores.

Por mais vivas e mais dinâmicas que sejam as aulas, é importante que os alunos possam dispor de atividades educacionais paralelas em que sua aprendizagem e sua avaliação sejam sempre reforçadas, sua criatividade estimulada e sua visão de escola se ajuste aos desafios de um saber para verdadeiramente agir.

Família

São sempre muito nítidas as relações entre as escolas (públicas ou particulares) de alta qualidade e o grau de atuação e de envolvimento familiar nas atividades desenvolvidas por aquelas. É evidente que esse envolvimento abriga limites que jamais devem ser ultrapassados e é claramente inconcebível imaginar que esse envolvimento da família possa levá-la a assumir papéis que somente a profissional de educação se concebe. Mas, se a ideia de apoio didático é impensável, a contribuição familiar é essencial em inúmeras outras atividades, entre as quais merecem destaque:

- Acompanhamento do desenvolvimento da aprendizagem e do relacionamento social dos filhos. É sempre significativo para uma criança ou mesmo um adolescente que seus pais mostrem interesse por suas atividades escolares, acompanhando seus progressos e envolvendo-os em diálogos sobre seus amigos, suas atividades e seus sonhos.

- Apoio aos professores na construção de limites procedimentais. O verdadeiro sentido da educação e formação de uma criança é inspirar segurança para desenvolver plenamente competências e capacidades para a superação de desafios. Nesse sentido, o papel da escola e da família é cobrar coerência — e rigor, se necessário — no cumprimento de normas, princípios e regras. É essencial que pais e educadores estejam afinados em uma linguagem comum em que se mostram direitos e deveres e na qual o aluno ou o filho descubra que a vida é mediada por princípios e regras e seu não cumprimento implica inevitáveis sanções, nunca as confundindo com "castigos".
- A aprendizagem pelos pais da importância do elogio, da escuta e dos exemplos. É essencial que os professores ajudem os pais a descobrir a importância estimuladora do elogio pelos acertos, mesmo que modestos; é importante que se escute muito e sempre os alunos e os filhos, ouvindo-os com respeito e argumentando com seriedade e, igualmente, é essencial que percebam que sua aprendizagem se materializa em exemplos de condutas que observam.
- Integral envolvimento dos pais nos projetos pedagógicos idealizados pela escola e busca de patrocínios que os concretizem. Nem sempre é possível aos professores dispor de tempo para buscar patrocínios para alguns de seus projetos pedagógicos, mas, quando uma Comissão de pais envolvidos na comunidade chama a si esse papel, os resultados são significativos. Muitas vezes, a escola pública, por exemplo, necessita temporariamente de um ônibus para uma excursão dos alunos, necessita de alguns produtos para sorteio entre professores mais atuantes, recursos para financiar um treinamento docente ou organizar uma jornada pedagógica ou, ainda, outras iniciativas associadas ao progresso da aprendizagem e formação dos professores; é importante a ajuda e envolvimento familiar nessas iniciativas.
- A cooperação como recursos humanos para atendimento às necessidades materiais da escola.

Muitos pais, desde que mobilizados, sentem verdadeiro prazer cooperativo em atender algumas necessidades materiais da escola e, voluntariamente, oferecem serviços que não apenas ajudam na superação de problemas como estimulam vínculos mais significativos entre a escola e a comunidade que a acolhe.

A equipe de funcionários não docentes

O sentido da palavra "educador" amplia-se em relação ao sentido da palavra "professor".

O educador pode atuar tanto como professor, quanto pesquisador, administrador escolar, supervisor de ensino, orientador ou filósofo educacional, mas nem sempre é essa uma realidade tangível. Educador, em síntese, é quem ensina e educa alguém. Além disso, outra distinção aplica-se ao processo de formação: um professor é um profissional, pessoa que escolheu uma atividade e que para esta se preparou, cujo exercício de sua atuação envolve a obrigatoriedade trabalhista de uma certificação. O educador é conceito mais amplo e, dessa forma, costuma ser atributo extensivo ao professor, mas estende-se além. Educar é bem mais que instruir e, assim sendo, existem educadores nas escolas, nos lares, nos templos religiosos e em outros múltiplos ambientes.

Mas, se a condição de educador dispensa a certificação profissional, isso não significa afirmar que se alcança essa condição sem preparo. Todo educador é sempre alguém que foi preparado para tal finalidade, se não por escolas e por leituras, se não pelas experiências e pelos embates da vida, ao menos pela perspicaz reflexão e compreensão de seu papel, sua missão e sua ação. É por esse motivo que uma escola de qualidade não dispensa a certeza de que é essencial em todos, absolutamente todos funcionários não docentes, a preparação para se tornarem progressivamente educadores.

Uma escola se aproxima da perfeição quando porteiros, telefonistas, seguranças, equipes da limpeza, motoristas, serventes, merendeiros, inspetores de alunos, secretários, absolutamente todos enfim, mesmo não sendo professores, são educadores. E como a essa condição se chega? A única resposta abrangente e definitiva é ensinando e preparando esses funcionários não docentes a se fazerem educadores.

Escolas de qualidade — públicas e particulares — jamais abrem mão desse esforço e da persistência desse trabalho. A transformação de um serventuário em educador é tarefa lenta e progressiva e que começa com certos fundamentos básicos referentes a relacionamento humano e ações de empatia, abriga questões sobre regimento escolar, planejamento pedagógico, direitos e deveres de cada um dos atores do cenário escolar, informações sobre drogas e alcoolismo, ações preventivas na observação dos alunos e de seus relacionamentos e técnicas essenciais de atendimento e encaminhamento. É evidente que a prioridade dessa missão cabe à direção, coordenação e professores, mas nem sempre estes estão presentes em todos os horários e ambientes da escola e, nesses momentos, necessitam da segurança de que os alunos estão sendo vistos e acompanhados, tendo a quem recorrer e encontrando pessoas que, se ignoram a maneira mais condizente de oferecer atendimento, sabem como encaminhar ou onde na escola buscar.

Diante, pois, dessa certeza, e de uma seleção cuidadosa na admissão, é importante o treinamento constante e persistente, bem como a participação de alguns em reuniões docentes. Poucas escolas públicas brasileiras se dão conta da importância desse treinamento e outras tantas se perguntam como exercê-lo. Não nos parece que a solução seja encaminhá-los a centros especializados nesse preparo, antes fazer da escola e de seus professores esse mesmo centro. Em algumas poucas redes de ensino municipais do Brasil encontramos a certeza dessa ação; em todas as que encontramos, os reflexos desse trabalho nos resultados do Ideb mostraram-se sempre insofismáveis.

Conclusão/Inspiração

Acreditamos que a conclusão a que um eventual leitor deste livro possa chegar ao seu término baliza-se essencialmente em dois pensamentos: o pensamento pessimista, ao compreender o quanto representa a educação para o futuro de uma nação e como nos colocamos distante de outros países que, anos atrás, eram pelo Brasil superados em quase todos os indicadores do IDH; ou então, um pensamento otimista, ao constatar que muito ainda necessita ser feito em nossa educação, mas que esse "muito" não se evidencia por tarefas impossíveis ou missão distante. Consolidando esse pensamento otimista, é ainda possível evocar, dentro de nossas fronteiras, exemplos admiráveis e modelos significativos de educação de qualidade, sem, por isso, ser dependente de recursos financeiros inalcançáveis. Impossível a este autor tentar descobrir em seu leitor o primeiro ou o segundo pensamento e, diante dessa impossibilidade, é que se pensou esta obra e na ênfase dada a seu título.

Como antigo professor e educador de outros e destes tempos, acreditamos que pensamentos otimistas ou pessimistas constituem realidades autênticas e é exatamente nessa situação que nos encontramos ao fazer esta conclusão.

Sentimos crescer em nossa consciência uma fusão de pessimismo e de otimismo e, se muito falta a se fazer, muito se está fazendo e, exatamente, pela delicada simbiose entre tristeza e esperança é que emergiu o título que demos a estas anotações. "Inspiração" é palavra que parece irmanar-se à "esperança" e, assim, com todo o realismo que uma visão pessimista e crítica sugere, acreditamos que seja essencial inspirar-se em bons exemplos e, desta maneira, acreditar que nossa educação poderá chegar aonde necessita estar. Afinal, como ter otimismo, sem esperança?

Apêndice

Algumas crônicas breves

Este apêndice é constituído por dezoito pequenos ensaios e comentários escritos pelo autor nos anos de 2010 a 2013 e que se destinavam à publicação em revistas brasileiras ou latino-americanas, com enfoque educativo; abordam temas independentes dos apresentados no texto do livro, ainda que voltados para referências que possam propor maior aprofundamento. Os textos estão separados levando em conta os capítulos do livro e são de inteira responsabilidade de seu autor.

China

1. Onde ser professor é um negócio da China

É impossível questionar a realidade dos números. Três novos *rankings* divulgados nos primeiros dias de dezembro de 2010 mostram a certeza de que nossa educação tem muito a caminhar. As avaliações aplicadas pela Organização para a Cooperação e Desenvolvimento Econômico (OCDE) mediram o conhecimento dos estudantes em 65 países e os brasileiros, tanto em ciências como em leitura, situaram-se além dos cinquenta primeiros, ficando apenas oito lugares antes do último país em matemática.

Os alunos submetidos a esses exames estavam todos na faixa dos 15 anos e foram sorteados entre frequentadores de escolas públicas e particulares. Diante desse mau desempenho, um dos caminhos para melhorar nossa educação talvez possa ser olhar para os países que encabeçam a lista e comparar o que fazem com seus alunos e o que fazemos nós.

A China aparece com clara liderança nos três *rankings* (matemática, leitura e ciências) e aos brasileiros cabem, respectivamente, 57º lugar em matemática e dois 53º, em literatura e ciências. O que tem o ensino chinês que o nosso não tem?

Inicialmente, um expressivo esforço para melhorar a qualidade de seus professores, que vai desde treinamentos maciços e periódicos até salários mais atraentes aos que melhor se saem. Além disso, campanhas bem-feitas exaltam a qualidade dos professores e estes refletem sua autoestima em aulas mais atraentes e consciência na permanente busca de sua contínua superação, sempre avaliada pelo sucesso de seus alunos. Um sintoma de que esse caminho é perfeitamente plausível para o Brasil é que em inúmeras escolas particulares do país isso existe. Enquanto os alunos brasileiros das escolas privadas alcançam notas mais ou menos semelhantes aos de países como Estados Unidos e Inglaterra (posição mediana no *ranking*), os de escola pública estão mais próximos aos resultados de alunos da Albânia e Cazaquistão. Desnecessário destacar que os professores de escolas particulares no país, para garantir seus empregos, estudam mais, leem e algumas vezes são periodicamente treinados. O quanto recebem por um dia de trabalho costuma ser o equivalente a três dias ou mais do professor da escola pública.

Quando esses resultados aparecem, é comum se afirmar que o problema brasileiro não está apenas no binômio treinamento e salário, mas também em motivação, pois parte expressiva dos professores de escolas públicas está nesse cargo por não conseguir emprego melhor. Essa afirmação, entretanto, não parece ser verdadeira.

Pesquisa recente do Instituto Paulo Montenegro destaca que apenas 8% dos professores das grandes capitais brasileiras entraram por acaso na profissão e somente 2% alegaram que ministram aula por não encontrarem outro emprego. Nada menos que 78% dos entrevistados se diziam orgulhosos de sua profissão e 72% apaixonados pelo trabalho.

Desfeito o mito do desinteresse, volta-se a questão essencial que compara os professores brasileiros aos chineses e descobre-se que precisamos com urgência de cursos de formação mais rigorosos, algo como uma "residência" como forma de estágio, treinamentos periódicos e salários mais condizentes aos que melhor se saírem. Não restam dúvidas de que estamos no caminho errado e de que não é difícil saber por onde começar. O primeiro passo é sair da resignação bovina de achar que o que sempre foi ruim ruim continuará e partir para ações ativas e imediatas. Será que já não é hora de começar?

2. Hong Kong: onde ganhar significa perder

Hong Kong, antiga colônia inglesa na Ásia, hoje uma das regiões administrativas especiais da China, tem alcançado resultados extremamente significativos nos últimos exames do Programa Internacional de Avaliação de Alunos (Pisa). Sempre entre os três primeiros países do mundo em 2000, 2003 e 2006 no desempenho em ciências, também se colocou entre os melhores do mundo em leitura, mas, sobretudo, matemática.

Mas esse sucesso, que seria motivo de vaidade e júbilo incondicional no Brasil, pouco significa para os educadores locais em face de uma original, mas interessante, maneira de pensar: "*O mundo toda hora está mudando e o ensino ministrado reflete o que agora se sabe, mas o que realmente importa é como estamos preparando nossos estudantes para o amanhã*". Usando-se de uma comparação, seria mais ou menos como se afirmar que uma escola é como automóvel que segue em frente, e os exames realizados refletem o que se observa pelo retrovisor.

Esse processo original de se organizar e administrar a educação poderia ser encarado como apenas prosaica afirmação, se não refletisse a maneira como nessa localidade o ensino se organiza. Assim, pois, não se exalta o sucesso e, como em outras partes do mundo se faz, se busca com o êxito consolidar um modelo; na verdade, encara-se a mudança como meta essencial e "o que vamos fazer amanhã" sempre prevalece "ao que agora bem se fez". Nesse sentido, ensino, aprendizagem, aula, conteúdo, avaliação e formação de professores constituem teses em permanente mudança e nada pode existir de mais errado em Hong Kong que se trabalhar com paradigmas tradicionais e desenvolvimento de habilidades técnicas para o que já existe e não para o que deverá no futuro existir.

Com essa concepção, a criatividade é exaltada e a mudança aplaudida e os currículos deixam de focar conteúdos passados e estáticos, privilegiando especulações sobre sistemas econômicos, avanços tecnológicos, mudanças sociais por meio de processos de aprendizagem voltados à reflexão e à criação. A ideologia educacional dominante, portanto, é "se estamos indo bem isso mostra que é hora de mudar" e, assim, as tradicionais reformas educacionais que são cíclicas em outros países, em Hong Kong são ação permanente desde 2002, quando foram estabelecidas significativas alterações em métodos de ensino, currículos e conteúdos. Hoje, em todas as escolas, experimentam-se programas pilotos que inspirarão não por muito tempo as linhas educacionais do país.

Parece não existir qualquer dúvida de que a ousadia dessa maneira de pensar arrepia e assusta a escola brasileira pública ou particular. Somos herdeiros de uma tradição que parece aplaudir o irremovível e o pretérito — ainda que emoldurados por discursos de modernidade — e se mostra surpreendente e assustador um país cujo ensino assume formas mutáveis conforme o corpo que o acolhe. Mas, se o modelo de Hong Kong assusta e impressiona à mentalidade educacional brasileira, seus reiterados sucessos no Pisa mostram que nem sempre é prudente se calar a ousadia.

Coreia do Sul

3. Escola infantil na Coreia do Sul

Uma aula típica no jardim de infância Ewha, em Seul, um dos muitos que em toda a Coreia do Sul se encontram, não difere muito de uma aula-padrão em qualquer escola de educação infantil brasileira de excelente qualidade. Afinal de contas, a criança é sempre a criança em toda parte, mas o que lá se faz acrescenta ao cotidiano do aluno certos detalhes que mostram como o país está sintonizado na estimulação do cérebro e em sua visão de efetivamente preparar para o futuro, encantando a criança com a tecnologia.

Além de atividades que exploram a curiosidade até quase o infinito, além de estímulos sensoriais ao bem falar, saber escutar, olhar com acuidade, simbolizar e assim apaixonar-se pela leitura e pela pesquisa desde cedo, uma atividade comum para crianças de cinco anos é aprimorar a arte de fotografar ou filmar e inventar histórias, manipulando as imagens digitais no computador. Nessa faixa etária diferentes recursos eletrônicos são manipulados com extrema destreza e se destinam progressivamente e com segurança para a produção de textos e composição de imagens. Em Ewha, exploram-se linguagens diferentes e saber se expressar muito bem é qualidade que vale prêmio, não importa se essa expressão é verbal ou escrita, através da pintura ou do desenho, usando recortes ou manipulando imagens eletrônicas. A riqueza diversificada de todas essas atividades não exclui a ideia fixa dos pais de que mal superado esse ciclo e iniciados os estudos no ensino fundamental, é importante complementá-los com aulas extras, desde as que a escola sugere até outras que a família acha válido descobrir.

Segundo dados do *Korean Educacional Development Institute* nada menos que 30% do orçamento familiar médio é despendido para incrementar os estudos dos filhos em aulas suplementares e cerca de 26 bilhões de dólares anuais são movimentados no país para aulas extras.

Constitui uma verdadeira tristeza olhar a frieza desses números comparados aos que o nosso país exibe. Com honrosas, mas raras exceções, a família brasileira somente concebe aulas extras para os filhos como investimento para "salvá-los" de onerosas retenções, para tentar garantir ingresso e gratuidade em universidade pública ou para promover sua elegância em aulas de hipismo ou balé. Ainda que ressalvando exceções, inúmeros pais brasileiros não acham incoerente despenderem receita para seu *personal training*, mas que não se fale em aulas extras de matemática ou tecnologia para seus filhos.

A mesma forma de pensamento que estrutura um dia no jardim de infância de Ewha pode ser percebida no ensino superior, nos laboratórios de Kaist, instituto especializado em tecnologia. Envolvidos em muitas horas diárias em pesquisas e experiências em Robótica, nos raros intervalos, os alunos correm para "laboratórios recreativos" onde competem até a exaustão, em desafios para resolver equações matemáticas, superar problemas de álgebra ou competir em jogos de simulação. Nesses laboratórios, toda a equipe docente e administrativa e todos os alunos vivem com os olhos no futuro, pensando em como produzir robôs humanizados, como produzir casas futurísticas e, sobretudo, de que maneira inventar produtos que encantarão o mercado mundial. Por esse interesse, é comum em universidades públicas ou mesmo particulares a presença de modernos centros de pesquisa construídos e financiados pelas grandes empresas do país. Diferentemente do que ocorre no Brasil, as universidades da Coreia do Sul procedem à verdadeira "caça aos alunos" do ensino médio, não competindo em preços ou propondo *campi* que são verdadeiros *shoppings*, mas investigando seus boletins, rastreando com professores especializados todos quantos se destacam em desempenho acima da média, buscando atraí-los com a garantia da gratuidade, isenção de vestibular, aulas extras e até mesadas, que, por certo, representam para muitos investimentos em mais estudo. O progresso material do país encanta e surpreende, mas na Coreia do Sul muito cedo se percebeu que investir em educação significa produzir riqueza, plantar amanhãs.

4. Lição que não queremos aprender

O sistema educacional da Coreia do Sul é atualmente uma referência mundial. O país não é economicamente o mais rico do mundo, não é sequer o mais rico da Ásia. Mas cresce com vigor exuberante e é olhado em toda parte como modelo que tem muito a ensinar. Quando terminou a Segunda Guerra Mundial, apenas 22% dos coreanos eram alfabetizados, hoje esse porcentual é de 99%, sem o eufemismo ridículo de se inventar os tais de "alfabetizados funcionais".

Nos relatórios da Organização para a Cooperação e Desenvolvimento Econômico (OCDE), a Coreia do Sul possui cadeira cativa no *ranking* dos dez países que melhor educam em todo mundo. Sem dúvida que esses resultados não dependem somente de uma sólida e consistente política governamental, mas também da tradição religiosa e cultural xintoísta que prega uma sólida disciplina e verdadeira obsessão em aprender. É país em que as prefeituras chegam a proibir escolas de funcionarem aos domingos e nas madrugadas, posto que, sem isso, estariam abarrotadas de alunos.

É evidente que o cuidado com a formação do capital humano é essencial e constitui o "elevador" que, em pouco mais de quarenta anos, destravou um país de milenar atraso e o atirou para situação de polo industrial e tecnológico que rivaliza com todos os grandes países desta nossa "líquida" modernidade. Nesse país, as escolas de educação básica são gratuitas e o currículo das instituições públicas é único e eficiente. Nada de "perfumaria" cultural em que se ensina quase nada de tudo e, essencialmente, um esforço na aprendizagem técnica e profissionalizante; em comparação com o Brasil formam bem menos advogados, comunicadores sociais e administradores e bem mais engenheiros e técnicos competentes. O ensino de inglês é obrigatório no sistema público e os sul-coreanos sabem que sem o domínio de mais de uma língua suas oportunidades desabam em um mercado que cada vez mais se globaliza.

O ensino médio é custeado por impostos e gratuito, mas a maior parte das universidades pertence à iniciativa privada. São instituições que não se divorciaram do mercado e que buscam capacitar trabalhadores e não gerar excesso de administradores, sociólogos ou "comunicólogos". Em apenas dez anos, até 2010, o porcentual de sul-coreanos com diplomas universitários subiu de 24% para 40% e, na população total, 80% daqueles entre 25 e 64 anos terminaram o ensino médio. A ausência de comparação entre o que lá existe e o que aqui se pratica é puramente intencional.

5. Uma janela para o céu

Em Seul, na Coreia do Sul, existe um bairro singular. Chama-se Hanawon e é em verdade um centro de apoio aos refugiados da ditadura da Coreia do Norte. São poucos os seus moradores, cerca de quatrocentas pessoas, e tiveram a sorte quase impossível de uma fuga de um dos mais brutais regimes do planeta.

Fugiram de um país assolado pela fome absoluta, onde os habitantes jamais em toda vida podem ousar ler um texto não produzido pela propaganda oficial do governo e sabem que são caçados em todos os momentos por agentes comunistas infiltrados, observando-os se são fiéis ao regime.

Vivem com medo, mas sonham em se tornar iguais aos habitantes comuns da Coreia do Sul. Na Coreia do Norte, apenas 5% dos habitantes podem cursar uma universidade, enquanto na Coreia do Sul nada menos que 82% dos jovens se tornam universitários. Provavelmente, jamais se integrarão plenamente.

Vítimas de uma dieta famélica, as crianças de Hanawon são em média 11 centímetros mais baixas e dez quilos mais magras que a criança típica de Seul. Mas, se as diferenças físicas (e mentais) são enormes, o abismo cultural é ainda maior. Enquanto alunos na Coreia do Sul estudam em média sete horas por dia, estão matriculados em pelo menos mais dois cursos extracurriculares e integram uma população com o primeiro lugar do mundo em consumo *per capita* de aço, esses refugiados fugiram de um país em que a energia elétrica domiciliar é luxo e, quando milagrosamente migram, necessitam ser treinados, entre outras coisas, a fazer compras, usar cartões de crédito, aprender como funciona um forno elétrico e não cair de uma escada rolante.

A uma hora de Seul, Hanawon fica em área rural quase desabitada, guardada por seguranças armados 24 horas por dia; seus habitantes são obrigados a circular em grupos e, vez por outra, ser levados ao centro de Seul e descobrir um mundo com arranha-céus e *shopping centers* que exibem em suas vitrines produtos que mal podem imaginar que existam. É evidente que sonham um dia vencer as barreiras de um atraso medieval e ser integrados ao país para o qual se atreveram fugir, mas esses sonhos não os levam além de aspirar a ser empregados de restaurantes, fábricas e supermercados. Abismos culturais imensos quando eliminados permitem um olhar ao céu, mas sem direito pleno a seu ingresso.

Uma comparação entre a educação nesses países extremos, que até 1945 eram um só país, não visa apenas acentuar o contraste entre as duas faces da mesma moeda marcadas por uma boa educação e outra indigente. Visa também alertar os brasileiros para que se perguntem se em uma nação livre como a que temos não se estão propiciando desigualdades como aquelas entre os refugiados de Hanawon e os demais moradores de Seul. A educação imperfeita na infância afeta diferença de peso e estatura, mas, mais ainda, prejudica o desenvolvimento cerebral.

Finlândia

6. Pontos essenciais no sucesso da educação finlandesa

O sucesso educacional finlandês somente pode ser compreendido no Brasil em função de uma conjugação de fatores em que a primeira razão está ligada à valorização da educação atribuída pela sociedade. Aproximadamente 75% dos adultos entre 25 e 64 anos têm diploma de ensino superior. O ensino é obrigatório dos 7 aos 16 anos e cursa o ensino médio quem quer, mas apenas 1% dos estudantes da chamada escola "compreensiva" (equivalente ao nosso ensino fundamental) não continua seus estudos. Além disso:

- A profissão de professor é vista com extremo respeito; profissionalismo, atualização permanente e responsabilidade envolvem suas atribuições. Há um componente histórico nessa valorização: há cem anos, quando o país ainda não se configurava como nação, a pobreza reinava principalmente no interior e, nessas circunstâncias, quem tinha um diploma de professor era tratado como se fosse quase um rei e ainda hoje, por exemplo, nas ruas de Helsinque é possível perceber a atmosfera positiva que envolve esse profissional. Por tudo isso, os professores são altamente qualificados e a concorrência nas universidades de pedagogia é enorme. Dados do Ministério da Educação dão conta de que, na última primavera, havia seis mil candidatos para oitocentas vagas. Após ser aceito, o aluno deve completar o mestrado para poder lecionar em qualquer nível educacional.

- Existe para todo o país um currículo nacional básico, que dita as linhas gerais do que deve ser ensinado, mas o docente pode escolher os métodos, os livros, o tipo de didática e inclusive optar ou não pelo uso da tecnologia. Os alunos, antes de aprenderem os conteúdos curriculares, são submetidos a experiências práticas que auxiliarão em seu entendimento futuro. Um exemplo: na escola Itäkeskus, estudantes de dez anos têm aulas de culinária, mas associada à compreensão da química e da física, pois sem essas ciências não se explicam frituras, cozimentos, a reação do fermento em água quente e em água fria e muito mais. Além disso, aprendem a economizar energia e água. É por intermédio dos saberes cotidianos, como fazer uma receita, que os pequenos estudantes dominam conceitos básicos para, mais tarde, aprender os conteúdos conceituais das diferentes disciplinas.
- A gratuidade do ensino fundamental inclui materiais escolares, mas também merenda, atendimento médico, odontológico e transporte. No ensino médio, só fica a cargo do aluno o material escolar. O Ministério da Educação não tem as mesmas funções que o MEC brasileiro. Responsável pela elaboração de políticas públicas e de legislação, ele as propõe ao Parlamento, que pode aprová-las ou não. É, assim, órgão de caráter essencialmente executivo. Um exemplo: o Ministério opta pela existência de um currículo mínimo nacional. Um Conselho, então, fica responsável pelo desenho desse currículo. Quem realmente executa são os municípios. O material didático usado por eles não é inspecionado pelo Ministério desde 1990, quando o processo de autonomia se consolidou.
- Um tema muito discutido no país envolve o número de alunos por sala. Como as escolas são autônomas, há salas de 8 alunos e de 36, o máximo registrado. Outra questão, a formação continuada dos professores, toca num ponto importante: tecnologia. Há um projeto-piloto no país que usa a tecnologia com crianças que têm necessidades especiais. Elas aprendem a ler e a escrever primeiro no computador, e depois vão para o papel.

É impossível acreditar que as características essenciais da educação finlandesa possam ser transplantadas para o Brasil. Um sistema educacional liga-se sempre à história do país onde se desenvolve e, por sua vez, se adapta às peculiaridades de sua geografia. Somos herdeiros de uma história diferente e, como país continental, de uma geografia peculiar. Circunstância, entretanto, que não nos impede de admirar e de buscar aprender e adaptar para nosso ambiente tudo quanto puder ser efetivamente adaptado.

Outros países

7. O direito e o avesso na educação chilena

A educação chilena é a que mais se tem destacado em toda a América Latina nas avaliações internacionais. Sua educação básica, em período integral, o currículo muito bem articulado e obrigatório em todo o país, uma infraestrutura das escolas acima da média de países da América Latina, um inteligente sistema de parcerias entre escolas e a grande indústria e a qualidade da formação e constância na avaliação dos professores são pontos fortes que destacam o Chile, mantendo-o entre os países bem avaliados no Pisa. Mas, em contrapartida, em nenhum outro país desta parte do mundo são tão frequentes manifestações de estudantes em passeatas de protestos pelas ruas reclamando sobre sua educação e proclamando que esta se transformou em mercadoria exposta à livre concorrência e que, se funciona em países ricos e industrializados, não pode bem caminhar em um país que ainda enfrenta problemas sociais.

Diante do paradoxo dessas duas situações verdadeiras, fica a questão crucial: Afinal de contas, o modelo educacional chileno serve para o Brasil? Baseados em alguma identidade geográfica continental, podemos aprender algo com esse nosso vizinho, ou teremos que adaptar ao mundo latino os êxitos nem sempre transplantáveis da Coreia do Sul ou da Finlândia?

Pensamos que o desafio dessas respostas não permite a afirmação categórica de um "sim" e menos ainda da impertinência resoluta de um "não", e o que nesta crônica se propõe é uma análise realista da educação nesse país. A escola chilena revela pontos de destaque cuja comparação pode muito contribuir para a educação brasileira, mas evidencia também aspectos preocupantes que mais ajudam pelo alerta que sugerem que por uma cópia irrefletida. Assim, pois, vamos nesta síntese verificar o direito e o avesso na educação chilena e, com serenidade, aprender com o que é excelente e melhorar o que não é bom.

As reformas educacionais ganharam destaque a partir dos anos 1980, quando as escolas do país foram organizadas em três grupos: as "públicas", que foram municipalizadas e, portanto, não mais vinculadas ao governo federal como eram; as "escolas privadas subsidiadas", em que os alunos recebiam "abonos" do governo; e as totalmente "particulares", como no Brasil, pagas exclusivamente pelos pais. Essa organização, entretanto, originou um sistema de ensino paradoxal, tendo de um lado escolas "particulares" que a aguda concorrência fez exemplares e que nada ficam a dever às melhores do mundo e, do outro lado, as "escolas públicas" e "públicas subsidiadas", geralmente de baixa qualidade e não muito diferentes das que o Brasil tem de pior. No conjunto, constata-se uma educação com seu lado direito e seu lado avesso e ainda que o primeiro puxe para o alto os índices do Pisa, é essencial não esquecer que ser o primeiro país da América Latina nesse *ranking* não é muito expressivo, pois que, em geral, se compara o ruim com o pior.

Um elemento, entretanto, reforça aspectos positivos nesse dualismo.

Nas últimas quatro décadas, a educação chilena transformou-se muito e a escola chegou a todos em toda parte e ninguém dos 6 aos 17 anos ficou à margem. A partir de 1990, uma verdadeira onda de "melhoria da qualidade do ensino" insuflou o país e esforços na melhor formação docente e sua persistente avaliação influíram na qualidade e transparência do que se precisa melhorar. Parcerias entre escolas e empresas foram estimuladas e, hoje, grupos empresariais ajudam a administração de muitas escolas e garantem qualidade na educação técnica e profissional. Portanto, mesmo com desigualdades acentuadas, desde o início dos anos 1990 não mais se admite o fato de alunos estarem fora da escola e

75% dos jovens cursam o ensino médio. A taxa de analfabetismo, que passava dos 15% em 1960, não vai além dos 5% atualmente e logo estará zerada.

Como não parece difícil perceber, a situação do ensino chileno não expressa grande surpresa ao Brasil, nem por isso, entretanto, podemos virar as costas às suas lições: se o avesso da desigualdade entre a escola rica e a escola indigente representa uma tortura insuperável, o cuidado na formação docente, o período integral para alunos da educação básica, a boa articulação curricular, o esforço governamental em atrair empresas patrocinadoras e coadjuvantes no ensino profissional, as metas de qualidade claramente expostas e persistentemente avaliadas parecem expressar elementos de um lado direito com que temos muito a aprender.

8. Chile e Brasil: maneiras diferentes de se "pensar" educação

Em muitas coisas Chile e Brasil se aproximam. Não apenas as contingências de se apresentarem na mesma parte do mundo, viveram também uma história antiga e recente não muito diferente, convivem hoje com a plenitude da democracia, antecedida de amarga ditadura militar. Diferente do Brasil, entretanto, o Chile avançou muito e ainda mais rapidamente avança quanto à qualidade de ensino em suas salas de aula, desenvolvendo uma educação pública que, embora contraste com suas escolas particulares, ainda assim corre depressa atrás de expressiva melhoria. Isso acontece porque entre os dois países prevalecem maneiras diferentes de se pensar educação. Vejamos algumas dessas maneiras:

- **A maneira de se acreditar na ciência**
  A lei da gravidade, por exemplo, não é "mais ou menos" aceitável, a evolução da espécie humana não representa hipótese de aceitação restrita. Em ciência não existe intuição e "achismo" e sim a verdade que confirma ou desmente a hipótese e, portanto, se é essencial ensinar um fato científico, é importante que alunos e

professores percebam que estão diante de evidências e que o bom senso implica aceitá-las. No Chile, o ensino das ciências transita pelo belo caminho das leis, das pesquisas, das especulações e da realidade que se faz verdade e não pelo senso oportunista de se aceitar proposições que não científicas, que "respeitam o direito de pensar de cada um".

- **A maneira de se pensar a formação do professor das séries iniciais**
  Infelizmente, costumamos pensar que, quanto mais elementar o nível de informações de um aluno, maior pode ser o despreparo de seu professor. Isso é um absurdo, pois é nos primeiros anos de vida que o cérebro humano mais se desenvolve e, portanto, mais requer quem melhor o compreenda e quem, de forma mais profissional, o estimule. Para os níveis mais elevados de uma pós-graduação, o aluno pode dispensar a ajuda eficiente de um grande mestre, para as séries iniciais jamais.

- **A maneira de se trabalhar métodos de ensino**
  Nada menos que oito em cada dez professores brasileiros, se tivessem que definir o método de ensino que desenvolvem, deveriam chamá-lo de "decoreba" ou, de forma mais atualizada, "mnemônico". Uma aprendizagem nesse estilo não serve para quase nada, não explora a capacidade de transferência e síntese, não impõe análise crítica às generalizações, não aprimora competências. O estudante absorve informações não porque aprendeu a analisá-las à luz da razão. No Chile existem também aulas expositivas, mas um preparo docente leva o professor a ajudar o aluno a aprender e a pesquisar, valorizando sua curiosidade e seu espírito de iniciativa mais do que avaliações que mostrem preocupação em mais se decorar e em menos se empreender.

- **O processo que envolve a preparação dos diretores**
  Todos os diretores de escola no Chile passam por severa seleção em que são entrevistados e precisam apresentar e justificar um bom plano de gestão para a escola que almejam. São obrigados a ficar pelo menos cinco anos na escola, renováveis por mais cinco

anos em caso de comprovado êxito. Desnecessário dizer que equilibram o papel de educadores com o de administradores, realidade bem distante de grande parte dos diretores de escolas públicas brasileiras, na maior parte das vezes bons professores, mas nem por isso capazes de perceber a dimensão de suas novas responsabilidades gestoras.

- **A prática inteligente da meritocracia**
  Os docentes mais eficazes recebem bônus de até 30% em seus salários e seu trabalho é acompanhado por visitas regulares de uma equipe governamental de educadores e, sobretudo, pelo desempenho de seus alunos. O bom desempenho de professores, diretores, escolas e alunos subsidia as políticas públicas e o repasse de verbas. No Brasil ainda prevalecem pressões sindicais que afastam ideias de meritocracia, destacando que todos devem, por igual esforço, receber idêntico salário e, nesse sentido, não se estimula a busca por melhor desempenho e qualificação.

- **O cuidado com que tratam alunos com dificuldades de aprendizagem**
  As escolas com pior desempenho são orientadas a desenvolver um projeto para melhorar que, se aprovado, é acompanhado com toda a ajuda necessária. Essa situação não é novidade no Brasil, mas existe bem mais como caso pontual de destaque que um projeto essencial a todos os alunos com problemas de aprendizagem, independentemente do local de seu estudo.

- **A forma como garantem a unidade nacional do currículo**
  Todas as escolas públicas no Chile recebem o currículo em que, aula por aula, são destacados os temas e estratégias para que gerem aprendizagem significativa e, portanto, todo professor dispõe de ajuda significativa para seu exercício, sempre inspirada em trabalhos que mostraram êxitos mais significativos.

Não se buscou, nesta síntese, afirmar que todas as escolas chilenas são melhores que todas as escolas públicas brasileiras, nem mesmo se acreditar que lá não existam os erros que aqui foram sintetizados. A diferença maior se coloca em dois pontos cruciais: o primeiro é constatar que escolas retrógradas são minoria lá e maioria aqui e, talvez mesmo por essa razão, existe pensamento e vontade de transformá-las lá e de ignorá-las por aqui.

9. Chile: capacitação docente nota dez

Nem tudo na educação chilena é um "mar de rosas", mas que esse país tem muito que nos ensinar, não há dúvidas. Afinal de contas, o Chile é o primeiro país na América Latina nas avaliações do Pisa, sua educação básica ocorre em período integral, existe um currículo obrigatório para o país inteiro e a maneira como avalia o desempenho de seus professores levando-os a rápida e eficiente capacitação representa um modelo que precisa servir de imediata inspiração ao Brasil.

Ao perceber que nada poderia melhorar em sua caótica educação de anos atrás sem que se melhorasse a qualidade docente, o governo chileno criou uma "residência pedagógica" para todos os professores iniciantes e promoveu expressiva mudança curricular em cursos de formação docente, alternando estudos e pesquisas com a imprescindível troca de experiências por meio de reflexão e análise da prática de cada um. Se nada além o país fizesse pela formação de seus professores, essas medidas, por si só, o disparam anos-luz à frente do Brasil. Mas as reformas não pararam aí.

Em todo o país vigora, desde 1990, uma rigorosa e obrigatória política de avaliação do desempenho docente e todos os professores que não se saem bem nos exames necessitam seguir um plano de aprimoramento profissional, sendo reavaliados um ano depois. Em se repetindo resultado insatisfatório, perderá temporariamente o direito às aulas, continuando sua formação. Se, apesar de todo esse apoio, ficar empacado, será afastado a bem dos alunos e do futuro. Claro que a essa altura se perguntará: Mas nesse país não existem sindicatos de professores? Ninguém os salva dessa maldade?

Sim, existem sindicatos que foram levados a crer que defender o professor após estagnação renitente é afundar o país e, sinceramente, não existe maldade maior que manter professores incapazes e estacionados. Maldade contra os alunos, contra seu futuro e contra sua terra. Mas, se existe uma adaga para punir, existem também prêmios valiosos para recompensar o mérito: professores que provarem sua competência profissional recebem um bônus salarial entre 15% e 25% da remuneração nacional básica. Isso significa ajuda aos alunos, olhar para o futuro, amor pelo país.

Existe ainda o SIMCE chileno (*Sistema de Medición de la Calidad de la Educación*) que avalia uma série por ano, intercalando a 4ª, 8ª e 10ª séries, nas áreas de línguas, matemática, história e ciências, e os alunos que demonstrarem efetivas dificuldades de aprendizagem recebem cuidados especiais por professores que se capacitaram muito bem para esse apoio e recuperação. Mais ainda, desde 1990, funciona o "Projeto 900 escolas" que consiste em priorizar as escolas com piores resultados de aprendizagem em todo o país, para receberem atenção especial, obtendo material didático para os alunos, biblioteca do professor, além de encontros de capacitação com "cheiro e cor do chão da escola", que ajudam as crianças, pensam em seus pais e reerguem a educação em seu país.

E do Chile se volta para o Brasil com a pergunta: "O que nos impede de aprender com quem, nesse aspecto, tem muito a nos ensinar?".

10. A educação em Cuba

Muitas críticas podem ser feitas a Cuba, onde subsiste a mais antiga e a mais antiquada ditadura do planeta. Regime político que conta no Brasil com alguns defensores empedernidos, encontra bem mais opositores que, mesmo sabendo do brutal bloqueio econômico imposto, lamenta essa ilha transformada em cenário de miséria e decadência. Mas, se muitas das críticas são verdadeiras à maneira como é politicamente conduzido esse país, a educação em Cuba merece aplausos e elogios, sobretudo quando comparada como é hoje desenvolvida com a maneira como era tratada em distantes tempos de Fulgêncio Batista.

Desde que esse ditador foi deposto, a educação tornou-se prioridade no país. Nos espaços ocupados pelos guerrilheiros de Fidel Castro, a população historicamente alijada de uma educação básica passou a contar com aulas informais. Com a conquista de todo o território em 1959, uma das primeiras medidas do novo governo foi criar mutirões educativos que levavam a alfabetização para todas as idades a todos os cantos da ilha. Alguns templos e muitos quartéis foram transformados em escolas e a educação transformou-se em ação extensiva e gratuita.

Em relativamente pouco tempo, a quantidade de graduados cresceu vigorosamente e atualmente é difícil encontrar um habitante com mais de trinta anos que não tenha cursado pelo menos uma faculdade. Em um relatório insuspeito da Unesco divulgado em 2011, Cuba situa-se como a primeira colocada na América no *ranking* mundial da educação. Entre 127 países ocupa o 14º lugar, ficando os Estados Unidos em 33º e o Brasil em 88º.

A educação em Cuba é direito de todos, absolutamente todos os cidadãos, independentemente da cor, sexo ou situação financeira. Além de uma expressiva quantidade de escolas gerais em cada uma das unidades administrativas cubanas, há ao menos uma escola especial, que atende estudantes com as mais diversas dificuldades de aprendizagem conhecidas. São escolas divididas segundo os tipos de limitações apresentadas, das motoras às cognitivas.

Apesar das sensíveis e agudas dificuldades econômicas que atravessa o país, nenhum aluno paga para estudar, receber material escolar, contar com três refeições diárias ou ser transportado à escola. O salário de um professor, como a maior parte dos salários dos funcionários estatais, fica entre 400 e 600 pesos cubanos, pouco mais que um salário mínimo e, em função dessa condição, muitos preferem dedicar-se a funções ligadas ao turismo, em que o manejo do câmbio permite-lhes ganhar um pouco mais. Mas, mesmo assim, nas escolas especiais, a proporção de professores por alunos é significativamente alta, não raramente alcançando a proporção de um profissional por estudante. No país, não se generaliza o conceito de "dificuldade de aprendizagem" e, portanto, existem alunos atendidos em turno integral, outros que voltam às suas casas todos os dias e crianças com específico atendimento residencial. As famílias de todos os alunos são plenamente envolvidas com a vida escolar e, dessa maneira, escola e comunidade se integram para a superação dos problemas, sobretudo os de natureza material.

A educação cubana, inspirada nas teorias educacionais de José Martí, herói nacional e líder da independência cubana, não separa o ensino científico do trabalho cotidiano como forma de produção e realização pessoal. Além das disciplinas básicas, são oferecidas aos alunos, indistintamente, aulas de computação e bastante educação física, além de oficinas de carpintaria e de economia doméstica. O que se aprende se usa para viver. Os que mostram potencial para prosseguir nos estudos encontram escolas de ofícios, também presentes em todos os municípios da ilha.

É nessa integração entre trabalho e intelectualidade que são educados todos os alunos cubanos. Pobreza é situação encarada como normalidade, preguiça jamais.

11. Cingapura: a educação como estratégia de riqueza nacional

Cingapura é uma cidade-Estado situada na Ásia e referência mundial pela qualidade de educação que desenvolve. Comparado com o Brasil, nos anos 1960, esse país era inferior ao nosso em todos os itens do IDH. Superou-os e hoje nos itens do IDH nos supera em tudo e não se duvida que o sucesso se deva ao salto educacional que resolveu empreender. Acreditamos que não nos seja impossível adotar seu estilo como modelo, adaptando-o a realidades distintas, principalmente a de sermos, territorialmente, mais de treze mil vezes maior, e também, como ocidentais, nos faltar o belo senso de ordem e disciplina que as culturas hinduístas, budistas e xintoístas normalmente revelam.

Seguem quatro medidas principais e que, implantadas, geraram inúmeras outras:

- **A valorização profissional e social dos educadores**
  Em Cingapura se acredita muito no futuro e, por isso, faz-se da carreira docente uma profissão de enorme prestígio. Somente são admitidos nas escolas de formação docente os estudantes que no

ensino médio se destacaram entre os 30% melhores de cada turma. Constitui crença nacional a ideia de que "ensinar pessoas" é tarefa imensa e missão difícil e que, por essa razão, somente os melhores devem ser levados a ela. Mas, para que essa filosofia se concretize de maneira realista, é essencial garantir aos professores um bom salário inicial e um destaque que outorga prêmios aos que mais se projetam. Transformados pela mídia em verdadeiros ídolos, esses ícones de paciência e sabedoria são aclamados pela população e simbolizam modelos que todos se sentem honrados em igualar.

- **Uma visão nova e realista sobre o verdadeiro sentido da pedagogia**
  Os cursos de formação de professores são verdadeiros laboratórios experimentais de técnicas e de práticas pedagógicas, buscando sempre eleger estratégias significativas e métodos de ensino que cuidam, ao mesmo tempo, do aprimoramento do pensar e da arte de concretizar no ensino o que se pensou. Essa concepção de ensino voltado para a ação se distancia de uma formação livresca e enciclopédica que afasta do professor o sentido da verdadeira competência em ensinar os alunos a pensar.

- **Uma visão de que sem "residência" não se chega à sala de aula**
  Em Cingapura se sabe que a responsabilidade negativa de uma má aula é colossal e, por esse motivo, os candidatos a professores passam por verdadeira "residência docente", estágios pré-profissionais nos quais ministram aulas, excursionam com alunos, desenvolvem pesquisas e treinam competências discentes, sempre supervisionadas por professores mais experientes que mostram, em cada gesto e em cada ação, como evoluir.

- **Escolas com gestão empresarial**
  Um respeitável consenso é pensamento comum em Cingapura: toda escola, tal como toda grande empresa, se define por sua visão de futuro, sua missão e seus valores. Longe, entretanto, de expressar apenas palavras para cada um desses três itens, existe uma relação sempre atualizada de etapas a cumprir, e toda escola é avaliada

> não apenas pelo que fazem seus alunos, mas pela coerência entre o que fazem e a rigorosa missão que periodicamente se impõem. Não existe no país, ao contrário do que por aqui se vê, escolas boas e escolas ruins, mas escolas que lutam positivamente entre si para se superar e para mostrar à sociedade como pensam e por que pensam insistentemente no futuro. Valores cognitivos e valores morais são pilares da dignidade que toda criança aprende a perseguir.

Como se percebe, não existe paralelo possível entre como estamos e como está Cingapura. Em uma corrida pela educação melhor, há muito esse pequeno país nos superou e hoje caminha a distância que não se alcança mais. Mas o essencial não é competir ou lamentar o tempo perdido, é olhar os bons modelos e iniciar uma serena, mas persistente, caminhada.

12. Estados Unidos: Nova Iorque e a educação para alunos vulneráveis

Nova Iorque, nos Estados Unidos, como quase qualquer grande cidade mundial, abriga alguns bairros extremamente carentes, onde a população escolar se caracteriza pelos altos índices de delinquência, indisciplina generalizada e acentuada evasão escolar. Fica evidente o acentuado contraste entre esses alunos e outros de escolas situadas em bairros em que condições sociais e econômicas melhores implicam um aluno que se dedica mais e aprende melhor. As autoridades educacionais da cidade, preocupadas com a situação dessas escolas, colocaram em prática uma série de medidas que, após dois anos, surtiram efeitos extraordinários, mudando a qualidade da aprendizagem e o perfil de violência comum a esses alunos. Essas medidas foram:

- **salários diferenciados** para os professores que aceitassem trabalhar nessas escolas, envolvendo-se plenamente em outras medidas;
- **facilidade financeira para professores que aceitassem morar próximo ao local de trabalho**, envolvendo-se em atividades específicas junto às famílias com problemas;

- **liberdade aos diretores** dessas escolas para elaborar currículos específicos, administrar com autonomia parte dos recursos e demitir professores que não se envolvessem plenamente no projeto de recuperação;
- **criação de uma equipe de coordenadores com a missão de percorrer essas escolas**, capacitando e avaliando professores com alguma dificuldade;
- **avaliação sistemática dos diretores**, com estímulos financeiros pelo progresso aferido;
- **liberdade para recrutar universitários e jovens recém-formados para, após treinamento prático intensivo, exercer atividades docentes nessas escolas**;
- **definição de metas** para funcionários administrativos, professores, diretores e alunos;
- avaliações externas para todos os alunos, **efetuadas cinco a seis vezes por ano e encaminhamento dos alunos que apresentassem dificuldades específicas de atenção e aprendizagem**.

Após o primeiro ano de implantação dessas medidas, os resultados já se apresentavam significativos, mas após o segundo ano caiu o número de casos de indisciplina e cresceu de forma expressiva a autoestima de alunos, professores e da comunidade em geral.

13. Dinamarca — onde "se virar" é aprender a viver

A Dinamarca é um país em que os recursos públicos e privados destinados à educação estão entre os mais elevados do mundo. As escolas públicas são de altíssimo padrão, mas existem também escolas particulares, geralmente de orientação religiosa, e, nestas, o governo subsidia de 80 a 85% de seus custos.

Os investimentos em educação se justificam: a população é extremamente culta, não existem analfabetos no país, o idioma inglês é obrigatório a partir dos 12 anos e um segundo idioma, geralmente alemão ou francês, a partir dos 14 anos. Situado no norte da Europa, é o menor entre os países escandinavos. Compreende a península da Jutlândia e nada menos que 406 ilhas. Sua área total é inferior à que ocupa o estado do Espírito Santo. A posição do país nos *rankings* do Pisa não o destaca entre os primeiros (sente-se satisfeita em posicionar-se entre o 15º e o 25º lugar, com plena consciência de que sabe que possui educação de alta qualidade e não necessita pressionar seus estudantes para qualquer competição internacional. Os exames do Pisa são simples avaliações, nada mais).

Na Dinamarca, a criança começa na escola aos sete anos e sua educação é compulsória até os 16 anos, quando os alunos decidem se pretendem ou não continuar seus estudos. A maior parte ingressa, assim, no *gymnasium* — que equivale ao nosso ensino médio — com a duração de três anos — e, quando terminam, podem escolher cursar uma das cinco universidades do país. Geralmente, os cursos duram três anos, ao final dos quais recebem o bacharelado. A maioria prossegue seus estudos por mais dois anos, obtendo o mestrado. Existem outras instituições para educação de terceiro grau que oferecem cursos técnicos profissionalizantes.

O elevado padrão educacional dinamarquês não difere muito dos que apresentam países escandinavos vizinhos e, nesse sentido, refletem condição especial e que podem causar inveja ao Brasil, mas pelas diferenças geográficas e culturais, não pode representar um modelo, senão por uma peculiaridade marcante na educação da infância, realizada tanto no âmbito familiar, como em centros especializados onde ficam até os sete anos, quando vão para uma escola particular ou, como a maioria, para a *kommuneskole*, "escola comum, isto é, para todos".

O que existe de marcante na educação da infância é o esforço comum dos adultos em desenvolver a autonomia infantil, respeitando as limitações físicas da idade, sem esquecer o compromisso de que podem ser responsabilizados por tudo quanto podem fazer. Não existe, assim, a exagerada atenção assistencial que, ao artificializar responsabilidades, retarda o poder de autonomia infantil. Trocar sua própria fralda, por exemplo, é quase impossível para uma criança de 2 anos, mas levar o lixo é sua obrigação.

São alertadas sobre os riscos de uma aventura, mas tombos fazem parte das correrias e, se são acudidas e tratadas, jamais são bloqueadas no empenho por aprender. Podem ser privadas de cortar o pão, pois ainda não sabem manejar a faca, mas é essa a única ação adulta no preparo do lanche que desejam comer. Quebrar copos e pratos pode representar risco para crianças pequenas que, após o uso, necessita lavá-los; mas esse problema se resolve substituindo-se a louça e o vidro pelo plástico.

Enfim, é uma bela educação para a autonomia em que a popular expressão brasileira "se virar sozinho" não representa omissão de ajuda, mas consciência sobre a importância de se aprender a crescer.

Brasil

14. O que são competências básicas

Imagine-se diante de três profissionais competentes, na faixa dos quarenta a cinquenta anos. Um é médico, outro um engenheiro e o terceiro um professor de filosofia. Passe-lhes três tarefas diferentes: o primeiro deverá dominar plenamente questões relativas à física quântica para expor a alunos de engenharia, o segundo precisará se preparar para essa missão apresentando teses e antíteses do pensamento existencialista de Sartre e o último deverá ministrar aulas a estudantes pós-graduados em filosofia e crítica literária para falar de problemas e disfunções do pâncreas.

Será que se sairão bem nessas missões? Será que a aula ministrada para público específico e de qualidade não resvalará por incertezas que acenderão críticas? Sabemos as respostas: não se sairão bem nessas tarefas e, certamente, não serão acolhidos com aplausos pelos ouvintes. Por que isso ocorre? Não são, por acaso, pessoas cultas? Não se empenharam em sua missão cercando-se de bons livros?

A resposta salta à frente: são cultos e preparados, buscaram excelente bibliografia, mas faltam-lhes as "competências básicas" que somente o curso e a prática poderiam propiciar. Não peça erudição do médico em física quântica nem busque no filósofo versado em literatura os fundamentos de uma cirurgia que nunca vivenciou. Faltam-lhes competências básicas específicas que aprenderiam em cursos e debates reflexivos centrados em áreas específicas. Agora, reúna os três especialistas e faça-lhes perguntas rotineiras de informações cotidianas de política, esporte, culinária. Claro que se sairão melhor, pois o domínio de informações não requer competências básicas senão interesse em notícias de jornais e programas de TV.

Onde se pretende chegar com essas conclusões?

A criança e o adolescente que não adquirem na idade certa as competências básicas poderão, mais tarde, dominar informações, mas jamais solucionarão satisfatoriamente problemas inerentes a essas competências. É por essa razão que muitas vezes alunos do ensino médio de boas escolas particulares fracassam em avaliações do Pisa ou outras promovidas pela OCDE e o Brasil; mesmo considerando o desempenho desses alunos, que parecem ser a elite de nossos alunos, fica sempre na rabeira quando comparado com o desempenho de estudantes da China, Cingapura, Finlândia, Japão e outros países.

O ensino fundamental existe não para entupir alunos de informações, mas para destas fazer instrumentos para as competências básicas, como dominar diferentes linguagens, compreender e interpretar fenômenos, solucionar problemas, saber construir argumentos, elaborar propostas, interpretar textos contextualizando-os ao cotidiano, operar funções aritméticas e espaciais e interpretar hipóteses e teorias de ciências. Desta maneira, além de fundamentos conceituais básicos, a língua portuguesa deve inspirar o desenvolvimento do pensamento reflexivo, solução de problemas linguísticos, capacidade de argumentação, clareza e poder de síntese, interpretação correta de textos ou outras linguagens e maturação do pensamento operatório. A aprendizagem de línguas estrangeiras, por sua vez, visa ampliar a capacidade de compreensão oral, contribuir para a maturidade do pensamento e de habilidades reflexivas como comparar, analisar, explicar e aplicar. A história geral e do Brasil preocupa-se com a formação do espírito de nacionalidade e civismo por meio da compreensão do passado histórico, da preparação para a democracia e da universalização do Homem e com a análise e abordagem crítica do comportamento humano como construtor da civilização e que sabe substituir a força pela relação jurídica, sabe renunciar às ideias de castas e privilégios, com o banimento de toda espécie de tirania e despotismo. Aprende-se geografia geral e do Brasil não como quem memoriza catálogo sobre países, mas pelo estudo da paisagem e sua transformação, pela força do trabalho humano e convívio social e pela ação humana sobre o meio físico para ordená-lo, separando a mudança predatória da modificação apoiada em ações sustentáveis. O despertar de um olhar sobre a Terra como campo de atividade humana onde se fará brotar a riqueza, eliminando o pauperismo e proporcionando a todos os homens condições de vida compatíveis com a dignidade humana. Finalmente, a aprendizagem das ciências físicas e naturais deve estar voltada à consolidação do conceito de ciência e de cultura e demonstrar domínio de uma formação científica capaz de ajudar a perceber o papel da ciência como forjadora da civilização e da saúde, como da superação da miséria, enquanto o pleno domínio de competências matemáticas deve priorizar a plena operacionalização do pensamento abstrato que envolve grandezas numéricas e formas geométricas, alcançando o plano conceitual com que reestrutura o universo e identifica sua posição.

É dessa forma que nos países citados se pensa ensino e nem sempre é assim que se pensa o ensino brasileiro. Algumas vezes, alunos de boas escolas memorizam muitas informações, mas fracassam quando examinados em competências básicas que deveriam adquirir e não adquiriram e, o que é pior, em muitos casos jamais irão adquirir por não a conquistarem na idade certa.

Ao médico, ao engenheiro, ao filósofo ou a outro qualquer especialista, a plena compreensão e domínio de saberes específicos de outras áreas não é apenas difícil, mas quase impossível porque se fizeram adultos e bons profissionais adquirindo na infância e na juventude as competências básicas do ensino fundamental e nos anos seguintes as competências básicas de outros níveis de ensino. Informação em qualquer idade se conquista; competência é apenas com excelentes professores que se aprende.

15. Brasil: avião decolando, carro de boi rangendo...

Imagine estar observando a velocidade de um avião que corta as nuvens e, depois, compare-a com um automóvel moderno rodando em São Paulo pela rodovia Carvalho Pinto. Inclua nesse cenário também um carro de boi, carregado, e dirigindo-se a seu destino rangendo. Pense nessas imagens e com facilidade irá perceber níveis de velocidade incomparáveis: se já é injusto comparar-se o avião com o automóvel, mais absurdo ainda é tentar compará-lo ao carro de boi. Mas, apesar do irrealismo dessa imagem, esta é uma metáfora que busca explicar por que se encontra tão atrasada a educação brasileira, sobretudo em nossa muitas vezes empobrecida e maltratada escola pública.

Se olharmos para o Brasil da década de 1950, o país apresentava taxas muito altas de mortalidade, principalmente infantil. Elevada nos centros urbanos, fazia-se devastadora nos sertões. Os números gritavam por uma calamidade que aos olhos europeus já parecia absurda. Mas, se essas taxas eram expressivas, mostravam-se também vigorosas as taxas de natalidade. O número de filhos por mulher era altíssimo e, dessa forma, mesmo com índices alarmantes de mortalidade, nossa população crescia e crescia rapidamente. Nessa época, a escola pública abrigava escolas excelentes e disputadíssimas, e colégios como o D. Pedro II no Rio de Janeiro e Caetano de Campos em São Paulo eram modelos de qualidade, embora raríssimos. Era uma escola para elites e quase nada mais.

Aqui e ali se destacava uma ou outra escola, mal alfabetizando, quando ainda esse pouco conseguia.

Voltemos agora à questão das velocidades: o avião que simbolizava as taxas de mortalidade foi praticamente freado. Avanços na medicina e um incontestável progresso nas medidas de higiene e de saúde pública somadas à rápida urbanização do país reduziram drasticamente as taxas de mortalidade e, se estas ainda não estão no mesmo nível de países mais avançados, desse nível rapidamente se aproxima. Quase da mesma forma freou-se também o automóvel graças à expressiva redução das taxas de natalidade. O aparecimento de anticoncepcionais de uso popular e ainda uma vez mais a urbanização reduziram de forma exponencial o número de filhos por mulher e, assim, a população continuou crescendo bastante, mas de forma bem mais controlada. Nesse contexto, o que muito pouco mudou foi a velocidade do carro de boi.

A educação pública melhorou bastante, mas bem mais tarde. Somente no final do século passado chegamos ao que parecia ser a utopia da universalização do ensino. Hoje, mais de 90% das nossas crianças estão matriculadas, mas ainda assim, em outros aspectos, a letargia do carro de boi se faz presente. Uma educação carente, professores mal formados, gestores despreparados, inúmeras escolas em tudo mutiladas e, assim, chega-se ao quadro atual. Os três veículos parecem agora correr em igual velocidade, mas, seguramente, se esta é interessante na redução das taxas de mortalidade e de natalidade, percebe-se que ainda sobra gente, e muita gente, à espera de uma educação de qualidade. Nada contra a velocidade dos modernos aviões e dos automóveis fascinantes, mas o que se espera de carro de boi em cenário de modernidade?

16. Educação e família. Uma questão cultural?

Uma prática que está se tornando rotina entre educadores brasileiros é comparar nosso sistema educacional com o de alguns países do Oriente e destacar nossa risível inferioridade. Realmente, uma análise sobre a aprendizagem e as capacidades de estudantes brasileiros fica distante no confronto com as de seus colegas da China, Coreia do Sul, Hong Kong, Cingapura ou ainda outras nações. Nossa educação vai mal, a deles de vento em popa e o registro dessa certeza não emerge de opiniões, mas de processos avaliativos insuspeitos e idôneos.

Se considerarmos o Pisa, exame internacional que avalia o aprendizado de alunos de 15 anos, esses países estão sempre entre os de maior destaque no *ranking*, enquanto amargamos situações grotescas na capacidade de leitura e em operações matemáticas. A capacidade de compreensão de um texto de 25% dos alunos brasileiros mais ricos e em nossas melhores escolas particulares é inferior ao desempenho dos 25% dos alunos mais pobres da Coreia do Sul, China e Hong Kong. Entre estes, a diferença média de escolaridade é de mais de um ano, isto é, em qualquer nível em que esteja matriculado nosso aluno apresenta-se pelo menos com um ano de atraso em relação a seu colega oriental de mesma idade. Como se explica esse atraso?

A única resposta que temos encontrado é correta, mas apenas parcialmente. Comparam-se as escolas, exaltando aquelas e denegrindo estas. Nada contra essas alegações. São verdadeiras, mas são incompletas, e para que essa situação de disparidade seja mais bem compreendida é essencial que também se fale da família. A família oriental, de maneira geral, é extremamente disciplinada, a nossa não; lá, a hora de estudo diário não se discute, aqui se adia; o acompanhamento escolar da atuação do filho é questão de honra no Oriente e é quase raridade por aqui; o insucesso do aluno, causado por omissão, impõe severidade lá, gera tapinha nas costas por aqui. Não se duvida da importância da família na educação escolar e, quando se comparam comportamentos, somos muito piores. Desculpas e justificativas não faltam: as religiões e filosofias orientais, sobretudo de fundo xintoísta, são mais firmes, enquanto a tradição judaico-cristã é mais piedosa, bem mais indulgente. Enfim, se a comparação entre escolas mostra as nossas como piores, a análise do envolvimento familiar aponta-nos como pior ainda.

Mas, e agora, o que fazer? É essa uma questão "cultural" e desse jeito nada pode ser mudado?

Claro que pode e, mais claro ainda, que seja essencial que se mude. Tradições culturais não representam "carma genético" e quando se apresentam nocivas, mais que depressa é importante que sejam transformadas. A escola brasileira, principalmente agora que nossos alunos precisam disputar espaços em cenário mundial e não mais regional, necessita aprender muito e mudar depressa. O comportamento educacional da família brasileira em relação ao esforço dos filhos necessita mudar também. Não mais é possível suportar escolas que fingem que ensinam, não mais se podem acolher sistemas de formação docente que nada formam; chega de pais que ficam penalizados com o péssimo resultado dos filhos "coitadinhos", não mais se aceitam mães que a todo instante "inflam" a autoestima dos filhos, acreditando que severidade deseduca.

Educar com seriedade e firmeza representa a grande campanha que professores e pais precisam empreender com empenho e comungar com urgência.

17. Um passado que nos condena

Parece existir um contraste expressivo entre a situação da educação brasileira analisada à luz de referências internacionais e a situação de outros países, quando se compara o que sabem e o que não sabem nossos alunos em relação aos de outros países e o interesse do educador brasileiro em participar de seminários, simpósios e congressos de educação; quando se compara o nível médio de conhecimento da população brasileira adulta com iguais referências de outros países e a quantidade de livros e revistas especializados que no Brasil e nesses outros países se leem sobre temas de educação. Se usarmos como referência a Argentina, por exemplo, os resultados são gritantes. Lá, raramente se promovem congressos sobre educação, poucas vezes os professores saem de sua rotina para participar de encontros com objetivos voltados ao aprimoramento de sua prática pedagógica, pequenas são as tiragens dos livros sobre temas educacionais, mas a população argentina é de maneira geral mais culta que a brasileira e seus alunos costumam sair-se bem melhor que os nossos em desafios.

Como entender essa contradição?

Não existe apenas uma resposta para essa questão e nem pode esta servir de parâmetro. O exemplo argentino apresenta o mesmo contraste que se observa com muitos outros países. A Argentina procura sobreviver após uma crise econômica que já dura mais de uma década e um olhar sobre sua atualidade muito se distancia de como foi esse mesmo país anos atrás. Mas algumas identidades podem ajudar-nos a perceber por que tanto nos esforçamos e por que parecem ser tão escassos os resultados.

A educação brasileira vive efetivamente um estado de empolgação: muitos educadores brasileiros parecem correr de forma crítica contra o tempo, repensando-se e repensando suas aulas, buscando caminhos para aprimorar cada vez mais seu papel e sua transformação de especialista em um assunto para um verdadeiro indutor de aprendizagens. Ainda que muitos se alienem, não é possível esquecer a multidão de mestres que buscam estudar cada vez mais, questionar de forma cada vez mais crítica a sua prática, descobrir, enfim, que seu diploma não possui validade perene. Ocorre, entretanto, que essa condição é extremamente atual e que difere de maneira intensa do que era cinquenta anos atrás e da forma, ainda retrógrada, com que a maior parte de nossos governos pensa educação. Chega-se, pois, à raiz do contraste.

Até cinquenta anos atrás, o país não valorizava o saber e a mentalidade colonizadora acreditava que seríamos para sempre uma nação de uma elite intelectualizada que podia buscar lá fora os títulos que exibia e de uma massa imensa de servidores braçais que não necessitavam jamais pensar. As escolas existiam, mas não existiam para o povo. Os poucos que a ela chegavam a buscavam apenas para assegurar seus privilégios, destacar-se ainda mais de uma população que, se mantendo alienada, melhor servia. Enquanto outros países há muito mais tempo que o Brasil acordavam para a importância de se universalizar o ensino, voltávamos as costas a essas ideias, achando que pobre não necessitava ler e achando que um rico em mil pobres seria a proporção desejável para o destino de uma nação.

O Brasil mudou, muitos professores têm consciência dessa mudança e em seu nome se agitam ao descobrir-se em novo papel. Mas pesa muito sobre os ombros deste novo Brasil aquele "velho país" de arcaica concepção sobre educação. Falta ainda a maior parte dos dirigentes brasileiros, e nesse contexto se incluem Presidentes, senadores, deputados, vereadores, prefeitos, Secretários de Educação, e também a faixa submersa do poder — órgãos e entidades públicas por meio dos quais se exerce o dia a dia das políticas governamentais — perceber o que o nosso educador já há algumas décadas percebeu: descobrir que só se elimina o triste passado quando se aceitam os desafios do presente.

Conclusão

Um exercício de ficção: do ontem para o amanhã em uma simples aula

18. 2020 ou agora nos países líderes no Pisa e outras avaliações internacionais

— *Caríssimos alunos e alunas, bom dia. Meu nome é Felício e estarei com vocês por um ou dois meses buscando ensiná-los a aprender, ajudá-los a descobrir amigos e fazer dos mesmos uma ponte de mútua ligação com o amanhã, explorar em seus cérebros os limites de suas competências adormecidas e inteligências ocultas; enfim, tentar ajudá-los a ser mais e, assim, proceder a uma leitura coerente do mundo em que vivem, mas logo mais necessitarão também conviver. A finalidade mais imediata é que cada aula possa ajudá-los a se transformarem e que saiam da classe tendo aprendido de maneira significativa e façam do novo saber uma ferramenta para falar, discutir, comparar, classificar e argumentar o que aprenderam.*

Todas as aulas serão postadas na internet e ficarão arquivadas em uma nuvem específica e constitui obrigação inseparável a todo aluno estudá-las antes de vir à escola. Evidentemente, que esse estudo envolve fazer do esboço exposto um texto coerente e, alternando linguagens, explorar suas inteligências. Devem encarar o esboço dessa aula como um projeto incompleto e inconcluso e que requeira esforço para sua elaboração, usando múltiplas habilidades e toda competência assimilada. Se houver dúvidas, enviem-me uma mensagem que esclarecerei e, por isso, não deixem essas tarefas para o dia seguinte. Vocês irão se divertir com os desafios propostos e perceber que uma aguda observação em si mesmo e em seu cotidiano pode trazer muitas respostas.

Concluída a etapa inicial de sua tarefa, a sequência envolve uma reunião com o seu grupo em horário já definido pela escola, ainda que não se obrigue ser presencial. Nessa reunião, a tarefa individual se integrará em projeto coletivo e a ideia é que você e seu grupo possam apresentar esse projeto com orgulho. Percebam que o que se busca é uma ação coletiva e que esta não deverá ser simples soma de partes individuais, mas construção integrada que busca ser definitiva. O conteúdo desse projeto é importante, mas não esqueçam sua forma e a adesão a ele de teses, hipóteses e pensamentos de cientistas e filósofos.

Quando a aula se iniciar, a lousa eletrônica exporá o esboço que cada um em casa recebeu e a tarefa que se espera de todos é transformar os trabalhos coletivos dos grupos em uma aula pronta, elaborada e estruturalmente ligada à aula anterior e ao próximo tema a trabalhar. Nessa aula não serei apenas um modelador de mosaicos que apanhará o pouco de cada grupo para uma composição final, mas um propositor de problemas que exigirá de todos empenho e dedicação para a elaboração da aula. Não estarei em sala para atrapalhar o trabalho coletivo, ainda que isso possa parecer a alguns, mas para desafiá-los a fazerem o melhor e a conquista individualizada do saber coletivo definido.

Estarei, dessa maneira, perpassando problemas, interagindo com todos a toda hora, cobrando opiniões individuais e conclusões coletivas e propondo um envolvimento do assunto trabalhado à vida, à rua, aos filmes a que se assistem e às notícias que se descobrem. Minha meta é que escola e vida não se desliguem e que as competências que aqui se cobram logo ali se usem e para isso serei ouvinte atento, selecionando opiniões, elegendo propostas. O estudo essencial e inicial que, individualmente ou em grupo, se fará é apenas o início de um "surfar" sobre pensamentos que como professor ampliarei, sugerirei, perguntarei e desafiarei. É essencial que percebam que não existe a minha aula, mas a nossa missão em incorporar descobertas, aguçar inteligências, estimular competências.

Jamais vocês perceberão uma aula igual à outra, como é impossível prever como ficará o saber apreendido. O tema original exposto na internet será sempre como farol de automóvel que à noite cruza uma estrada. O ponto que ilumina não é por onde a roda passa, mas para onde a luz mostra à frente e que depende do que todos juntos ousam construir. Assim, o que da aula se descobre antes desta começar representa o ponto da roda, enquanto durante a aula, com a participação de todos, se busca o novo olhar. Sempre será inútil perguntar-me o que vai ser concluído em cada aula, pois, se cada uma exige respostas retóricas refletidas no momento, a estas se somam opiniões diferentes colhidas pela junção do novo saber ao saber que já se tem, propostas impensadas antes que emergiam de conclusões e de associações trazidas na hora. A impressão que se tem é de que o professor durante a aula será apenas empreiteiro de esboço, junto com pedreiros e pintores que vão construindo um engenho que não se sabe exatamente como ficará, mas será criativo e original, será consistente e muito belo e terá alicerces sempre sólidos, ancorados em fundamentos que todos conhecerão.

Como vocês podem perceber, as aulas não comportam avaliações convencionais. Não há prova escrita, exame oral ou coisa que o valha, mas a avaliação se firmará pelo julgamento próprio de cada aluno sobre o que realmente aprende, pela observação do mestre sobre a ação de cada um, pela autoavaliação que, em consenso, os membros dos grupos alcançarão.

Já na próxima aula vamos conhecer nova estratégia de aula. Vou organizar um torneio entre as equipes para que troquem conhecimen-

tos, busquem tornar mais completos os conteúdos conquistados. O saber somente se consolida quando for possível transferi-lo para outros espaços, outras situações e ambientes. Juntos chegarão a uma conclusão comum, trilhando caminhos diferentes e, dessa forma, verificarão quem percebe a realidade de maneira mais auditiva, mais visual, se gosta mais do texto ou da imagem, se transfere o que aprendeu para a realidade e, assim, incorpora o que descobre em aula ao caminho que se anda, à compra que se faz, à brincadeira com os amigos. Gostaria que me procurassem para perceber se aprenderam a argumentar, debater, pesquisar, sintetizar, transferir. Até a próxima aula...

Bibliografia breve

ALVES, Rubem, ANTUNES, Celso. *O aluno, o professor e a escola*. Uma conversa sobre educação. Campinas, Papirus, 2011.

ANTUNES, Celso. *Guia para a estimulação do cérebro infantil*. Do nascimento até os 3 anos de idade. Petrópolis, Vozes, 2009.

———. *Professores e Professauros*. 3. ed. Petrópolis, Vozes, 2009.

BASTIDE, Roger. *Brasil, país de contrastes*. São Paulo, Difusão Europeia do Livro, 1957.

BAUMAN, Zygmunt. *Modernidade líquida*. Rio de Janeiro, Zahar, 2001.

———. *Globalização*: as consequências humanas. Rio de Janeiro, Zahar, 2000.

———. *44 cartas do mundo líquido moderno*. Rio de Janeiro, Zahar, 2000.

———. *Amor líquido*. Rio de Janeiro, Zahar, 2003.

BERGE, A. *A liberdade na educação*. 2. ed. Rio de Janeiro, Agir, 1964.

BIRD/BANCO MUNDIAL/PREAL. *Material da Conferência Internacional sobre papel e característica da profissão de professor na América Latina*. São José (Costa Rica), 1999.

BRZEZINNSKI, Iria. *Pedagogia, pedagogos e formação de professores*: busca e movimento. 3. ed. Campinas, Papirus, 2000.

BOFF, Leonardo. *Saber cuidar* — ética humana — compaixão pela Terra. Petrópolis, Vozes, 1999.

CAMPS, Victória. *O que se deve ensinar aos filhos*. São Paulo, Martins Fontes, 2003.

CALVIN, Willian H. *Como o cérebro pensa*. Rio de Janeiro, Ciência Atual/Rocco, 1998.

CANÁRIO, Rui. Escola: o lugar onde os professores aprendem. *Revista da Psicologia da Educação* n. 6. São Paulo, PUC-SP, 1998.

CHARLOT, Bernard. *Da relação com o saber*: elementos para uma teoria. Porto Alegre, Artmed, 2000.

DAMÁSIO, António. *O erro de Descartes*. 3. reimpr. São Paulo, Companhia das Letras, 1998.

DELORS, Jacques. *Educação*: um tesouro a descobrir. Relatório para a Unesco da Comissão Internacional sobre Educação para o século XXI. São Paulo, Cortez, 1998.

DEMO, Pedro. *Desafios modernos da educação*. Petrópolis, Vozes, 2000.

DIAMOND, Marian, HOPSON, Janet. *Árvores maravilhosas da mente*. Rio de Janeiro, Campus, 2000.

FROMM, Erick. *O medo à liberdade*. 5. ed. Rio de Janeiro, Zahar Editores, 1967.

CANAL FUTURA/CONFEDERAÇÃO NACIONAL DAS INDÚSTRIAS. *Destino: educação*. Diferentes países. Diferentes respostas. Rio de Janeiro, Fundação Roberto Marinho, 2011.

GARDNER, Howard. *Estruturas da mente*. A teoria das inteligências múltiplas. Porto Alegre, Artes Médicas, 1994.

GOTTMAN, J., DE CLAIRE, J. *A inteligência emocional na arte de educar nossos filhos*. Rio de Janeiro, Objetiva, 1997.

HERCULANO-HOUZEL, Suzana. *O cérebro em transformação*. Rio de Janeiro, Objetiva, 2005.

HUBERMAN, Suzana. *Cómo aprenden los que ensinan*. Buenos Aires, Aique Grupo Editor, 1996.

KHAN, Salman. *Um mundo, uma escola* — a educação reinventada. Rio de Janeiro, Editora Intrínseca, 2012.

LIMA, Lauro de Oliveira. *Para que servem as escolas?* Petrópolis, Vozes, 1995.

MATURANA, Humberto, VARELA, Francisco. *A árvore do conhecimento*. São Paulo, Editorial PSY II, 1995.

MELLO, Guiomar Namo de. *Educação escolar brasileira* — o que trouxemos do século XX. Porto Alegre, Artmed, 2004.

MACEDO, Lino de. *Ensaios pedagógicos*. Porto Alegre, Artmed, 2005.

MARINA, José Antônio. *Ética para náufragos*. Lisboa, Portugal Editorial Anagrama, 1996.

MECACCI, Luciano. *Conhecendo o cérebro*. São Paulo, Nobel, 1987.

MORIN, Edgar. *Os sete saberes necessários à educação do futuro*. São Paulo/Brasília, Cortez/Unesco, 2000.

NASH, P. *Autoridade e liberdade na educação*. Rio de Janeiro, Edições Bloch, 1968.

NÓVOA, António (org.). *Vida de professores*. Porto, Porto Editora, 2000.

PERRENOUD, Philippe. *Ensinar*: agir na urgência, decidir na incerteza. Porto Alegre, Artmed, 2001.

PIAGET, Jean. *O nascimento da inteligência da criança*. Rio de Janeiro, Zahar, 1975.

PINKER, Steven. *Como a mente funciona*. São Paulo, Companhia das Letras, 1998.

PAPALIA, Diane, WENDKOS OLDS, Sally. *O mundo das crianças*. São Paulo, Makron Books, 1998.

SILVA, Vânia Beatriz Monteiro (ed). *Pedagogias do século XX*. Porto Alegre, Artmed, 2003.

SMITH, Corinne, STRICK, Lisa. *Dificuldade de aprendizagem de A a Z* — um guia completo para pais e educadores. Porto Alegre, Artmed, 2001.

SOUZA, Regina Célia de, BORGES, Maria Fernanda S. Tognozzi (orgs.). *A práxis na formação de educadores infantis*. Rio de Janeiro, DP&A, 2002.

TODOS PELA EDUCAÇÃO. *De Olho nas Metas 2012* — quinto relatório de monitoramento das 5 metas de Todos pela Educação. Disponível em <http://www.todospelaeducacao.org.br/biblioteca/1476/de-olho-nas-metas-2012/>.

YABLONSKY, Lewis. *Pais e filhos*. São Paulo, Melhoramentos, 1998.

YUS, Rafael. *Educação integral* — uma educação holística para o século XXI. Porto Alegre, Artmed, 2002.

VYGOTSKY, L.S. *Pensamento e linguagem*. São Paulo, Martins Fontes, 1984.

ZEICHNER, Kenneth M. *A formação reflexiva de professores*: ideias e práticas. Lisboa, Educa, 1993.

DISTRIBUIDORES

• BAHIA

LDM – Livraria e Distribuidora Multicampi Ltda.
Rua Machado de Assis, 16, Cj. C – Brotas
Tel. 71 2101-8000 | **Telefax** 71 2101-8009
40285-280 – Salvador, BA
ldm@livrariamulticampi.com.br

• CURITIBA

A Página Distribuidora de Livros
Rodovia BR 116, 14056 – Fanny
Tel. 41 3213-5600
81690-200 – Curitiba, PR

• MINAS GERAIS

Asteca – Distribuidora de Livros Ltda.
Rua Costa Monteiro, 50 e 54 – Sagrada Família
Tel. 31 3423-7979 | **Fax** 31 3424-7667
31030-180 – Belo Horizonte, MG
distribuidora@astecabooks.com.br

Livraria João Paulo II
Rua São Paulo, 627 – Centro
Tel. 33 3272-9899
35010-180 – Governador Valadares, MG
livrariajoaopauloii@hotmail.com

Mãe da Igreja Ltda.
Rua Tamoios, 507 – Centro
Tels. 31 3337-9077 / 31 3224-0250
30120-050 – Belo Horizonte, MG
maedaigreja@globo.com

Livraria Jardim Cultural
Av. Dr. Cristiano Guimarães, 2127 B – Planalto
Tel. 31 3427-0226
31720-300 – Belo Horizonte, MG
livrariajardimcultural@yahoo.com.br

• PIAUÍ

Livraria Nova Aliança
Rua Olavo Bilac, 1259 – Centro
Telefax 86 3221-6793
64001-280 – Teresina, PI
livrarianovaalianca@hotmail.com

• RIO GRANDE DO SUL

Livraria e Editora Padre Reus
Rua Duque de Caxias, 805 – Centro
Tel. 51 3224-0250 | **Fax** 51 3228-1880
90010-282 – Porto Alegre, RS
livrariareus@livrariareus.com.br
loja@livrariareus.com.br

• SÃO PAULO

Distribuidora Loyola de Livros Ltda.
Vendas no Atacado
Rua Lopes Coutinho, 74 – Belenzinho
Tel. 11 3322-0100 | **Fax** 11 3322-0101
03054-010 – São Paulo, SP
vendasatacado@distribuidoraloyola.com.br

Livrarias Paulinas
Rodovia Raposo Tavares, km 19, 145
Tels. 11 3789-1425 / 3789-1423 | **Fax** 11 3789-3401
05577-300 – São Paulo, SP
expedicao@paulinas.com.br

REVENDEDORES

• AMAPÁ

Livrarias Paulinas
Rua São José, 1790 – Centro
Tel. 96 3131-1219
68900-110 – Macapá, AP
livmacapa@paulinas.com.br

• AMAZONAS

Editora Vozes Ltda.
Rua Costa Azevedo, 105 – Centro
Tel. 92 3232-5777 | **Fax** 92 3233-0154
69010-230 – Manaus, AM
vozes.61@vozes.com.br

Livrarias Paulinas
Av. 7 de Setembro, 665 – Centro
Tel. 92 3633-4251 / 3233-5130
Fax 92 3633-4017
69005-141 – Manaus, AM
livmanaus@paulinas.com.br

• BAHIA

Editora Vozes Ltda.
Rua Carlos Gomes, 698 A
Conjunto Bela Center – loja 2
Tel. 71 3329-5466 | **Fax** 71 3329-4749
40060-410 – Salvador, BA
vozes.20@vozes.com.br

Livrarias Paulinas
Av. 7 de Setembro, 680 – São Pedro
Tel. 71 3329-2477 / 3329-3668
Fax 71 3329-2546
40060-001 – Salvador, BA
livsalvador@paulinas.com.br

• BRASÍLIA

Editora Vozes Ltda.
SCLR/Norte – Q. 704 / Bl. A, 15
Tel. 61 3326-2436 | **Fax** 61 3326-2282
70730-516 – Brasília, DF
vozes.09@vozes.com.br

Livrarias Paulinas
SCS – Q. 05 / Bl. C – lojas 18/22 – Centro
Tel. 61 3225-9595 | **Fax** 61 3225-9219
70300-500 – Brasília, DF
livbrasilia@paulinas.com.br

• **CEARÁ**

Editora Vozes Ltda.
Rua Major Facundo, 730
Tel. 85 3231-9321 | **Fax** 85 3231-4238
60025-100 – Fortaleza, CE
vozes.23@vozes.com.br

Livrarias Paulinas
Rua Major Facundo, 332 – Centro
Tel. 85 3226-7544 / 3226-7398
Fax 85 3226-9930
60025-100 – Fortaleza, CE
livfortaleza@paulinas.com.br

Av. Antônio Sales, 2919 – Dionísio Torres
Tel. 85 3224-4229
60135-203 – Fortaleza, CE
livfortsales@paulinas.com.br

• **ESPÍRITO SANTO**

Livrarias Paulinas
Rua Barão de Itapemirim, 216 – Centro
Tel. 27 3223-1318 / 0800-15-712
Fax 27 3222-3532
29010-060 – Vitória, ES
livvitoria@paulinas.com.br

• **GOIÁS**

Editora Vozes Ltda.
Rua Três, 291
Tel. 62 3225-3077 | **Fax** 62 3225-3994
74023-010 – Goiânia, GO
vozes.27@vozes.com.br

Livrarias Paulinas
Av. Goiás, 636 – Centro
Tel. 62 3224-2585 / 3224-2329
Fax 62 3224-2247
74010-010 – Goiânia, GO
livgoiania@paulinas.com.br

• **MARANHÃO**

Editora Vozes Ltda.
Rua da Palma, 502 – Centro
Tel. 98 3221-0715 | **Fax** 98 3222-9013
65010-440 – São Luís, MA
livrariavozes@terra.com.br

Livrarias Paulinas
Rua de Santana, 499 – Centro
Tel. 98 3232-3068 / 3232-3072
Fax 98 3232-2692
65015-440 – São Luís, MA
livsaoluis@paulinas.com.br

• **MATO GROSSO**

Editora Vozes Ltda.
Rua Antônio Maria Coelho, 197 A
Tel. 65 3623-5307 | **Fax** 65 3623-5186
78005-970 – Cuiabá, MT
vozes.54@vozes.com.br

• **MINAS GERAIS**

Editora Vozes Ltda.
Rua Sergipe, 120 – loja 1
Tel. 31 3048-2100 | **Fax** 31 3048-2121
30130-170 – Belo Horizonte, MG
vozes.04@vozes.com.br

Rua Tupis, 114
Tel. 31 3273-2538 | **Fax** 31 3222-4482
30190-060 – Belo Horizonte, MG
vozes.32@vozes.com.br

Rua Espírito Santo, 963
Tel. 32 3215-9050 | **Fax** 32 3215-8061
36010-041 – Juiz de Fora, MG
vozes.35@vozes.com.br

Livrarias Paulinas
Av. Afonso Pena, 2142 – B. Funcionários
Tel. 31 3269-3700 | **Fax** 31 3269-3730
30130-007 – Belo Horizonte, MG
livbelohorizonte@paulinas.com.br

Rua Curitiba, 870 – Centro
Tel. 31 3224-2832 | **Fax** 31 3224-2208
30170-120 – Belo Horizonte, MG
livbh@paulinas.com.br

• **PARÁ**

Livrarias Paulinas
Rua Santo Antônio, 278 – Campina
Tel. 91 3241-3607 / 3241-4845
Fax 91 3224-3482
66010-090 – Belém, PA
livbelem@paulinas.com.br

Fox Vídeo
Travessa Dr. Moraes, 584 – Nazaré
Tel. 91 4008-0002
66035-125 – Belém, PA
deborah@foxvideo.com.br

• **PARANÁ**

Editora Vozes Ltda.
Rua Pamphilo D'Assumpção, 554 – Rebouças
Tel. 41 3333-9812
80220-040 – Curitiba, PR
vozes.21@vozes.com.br

Rua Emiliano Perneta, 332 – loja A
Telefax 41 3233-1392
80010-050 – Curitiba, PR
vozes.64@vozes.com.br

Livrarias Paulinas
Rua Voluntários da Pátria, 225 – Centro
Tel. 41 3224-8550 | **Fax** 41 3223-1450
80020-000 – Curitiba, PR
livcuritiba@paulinas.com.br

Av. Getúlio Vargas, 276 – Centro
Tel. 44 3226-3536 | **Fax** 44 3226-4250
87013-130 – Maringá, PR
livmaringa@paulinas.com.br

• **PERNAMBUCO, PARAÍBA, ALAGOAS, RIO GRANDE DO NORTE E SERGIPE**

Editora Vozes Ltda.
Rua do Príncipe, 482 – Boa Vista
Tel. 81 3423-4100 | **Fax** 81 3423-7575
50050-410 – Recife, PE
vozes.10@vozes.com.br

Livrarias Paulinas
Rua Duque de Caxias, 597 – Centro
Tel. 83 3241-5591
58010-821 – João Pessoa, PB
livjpessoa@paulinas.com.br

Rua Joaquim Távora, 71 – Centro
Tel. 82 3221-6859
57020-320 – Maceió, AL
livmaceio@paulinas.com.br

Rua João Pessoa, 220 – Centro
Tel. 84 3212-2184
59025-200 – Natal, RN
livnatal@paulinas.com.br

Rua Frei Caneca, 59 – loja 1 – Santo Antônio
Tel. 81 3224-5812 / 3224-6609
Fax 81 3224-9028 / 3224-6321
50010-120 – Recife, PE
livrecife@paulinas.com.br

• **PIAUÍ**

Livrarias Paulinas
Rua Rui Barbosa, 173 – Centro
Tel. 86 3221-3155
64000-090 – Teresina, PI
livteresina@paulinas.com.br

• **RIO DE JANEIRO**

Editora Vozes Ltda.
Rua 7 de Setembro, 132 – Centro
Tel. 21 2215-0110 | **Fax** 21 2508-7644
20050-002 – Rio de Janeiro, RJ
vozes.42@vozes.com.br

Rua Frei Luis, 100 – Centro
Tel. 24 2233-9000 | **Fax** 24 2231-4676
25689-900 – Petrópolis, RJ
vendas@vozes.com.br

Livrarias Paulinas
Rua 7 de Setembro, 81-A – Centro
Tel. 21 2232-5486 | **Fax** 21 2224-1889
20050-005 – Rio de Janeiro, RJ
livrjaneiro@paulinas.com.br

Rua Dagmar da Fonseca, 45 A/B –
loja A/B – Madureira
Tel. 21 3355-5189 / 3355-5931
Fax 21 3355-5929
21351-040 – Rio de Janeiro, RJ
livmadureira@paulinas.com.br

Rua Aureliano Leal, 46 – Centro
Tel. 21 2622-1219 | **Fax** 21 2622-9940
24020-320 – Niterói, RJ
livniteroi@paulinas.com.br

Carga Nobre Livros Ltda.
Rua Marquês de São Vicente, 225 – Gávea
Tel. 21 2259-0195
22451-041 – Rio de Janeiro, RJ
cnlivros@terra.com.br

Livraria Paz e Bem Ltda. ME
Av. Rio Branco, 156 – sala 509 – Centro
Tel. 21 9987-0139
20040-006 – Rio de Janeiro, RJ
livrariapazebem@globo.com

• **RIO GRANDE DO SUL**

Editora Vozes Ltda.
Rua Riachuelo, 1280
Tel. 51 3226-3911 | **Fax** 51 3226-3710
90010-273 – Porto Alegre, RS
vozes.05@vozes.com.br

Livrarias Paulinas
Rua dos Andradas, 1212 – Centro
Tel. 51 3221-0422 | **Fax** 51 3224-4354
90020-008 – Porto Alegre, RS
livpalegre@paulinas.com.br

• **RONDÔNIA**

Livrarias Paulinas
Rua Dom Pedro II, 864 – Centro
Tel. 69 3224-4522 | **Fax** 69 3224-1361
78900-010 – Porto Velho, RO
livportovelho@paulinas.com.br

• **SANTA CATARINA**

Editora Vozes
Rua Jerônimo Coelho, 308 – Centro
Telefax 48 3222-4112
88010-030 – Florianópolis, SC
vozes.45@vozes.com.br

Livrarias Paulinas
Rua Engenheiro Niemeyer, 70 – Centro
Tel. 47 3027-2509
89201-130 – Joinville, SC
livjoinville@paulinas.com.br

• **SÃO PAULO**

Distribuidora Loyola de Livros Ltda.
Vendas no Varejo
Rua Senador Feijó, 120
Telefax 11 3242-0449
01006-000 – São Paulo, SP
senador@livrarialoyola.com.br

Rua Barão de Itapetininga, 246
Tel. 11 3255-0662 | **Fax** 11 3231-2340
01042-001 – São Paulo, SP
loyola_barao@terra.com.br

Rua Quintino Bocaiuva, 234 – Centro
Tel. 11 3105-7198 | **Fax** 11 3242-4326
01004-010 – São Paulo, SP
atendimento@livrarialoyola.com.br

Editora Vozes Ltda.
Rua Senador Feijó, 168
Tel. 11 3105-7144 | **Fax** 11 3105-7948
01006-000 – São Paulo, SP
vozes.03@vozes.com.br

Rua Haddock Lobo, 360
Tel. 11 3256-0611 | **Fax** 11 3258-2841
01414-000 – São Paulo, SP
vozes.16@vozes.com.br

Rua dos Trilhos, 627 – Mooca
Tel. 11 2693-7944 | **Fax** 11 2693-7355
03168-010 – São Paulo, SP
vozes.37@vozes.com.br

Rua Barão de Jaguara, 1097
Tel. 19 3231-1323 | **Fax** 19 3234-9316
13015-002 – Campinas, SP
vozes.40@vozes.com.br

Livrarias Paulinas
Rua Domingos de Morais, 660 – Vila Mariana
Tel. 11 5081-9330 | **Fax** 11 5081-9366
04010-100 – São Paulo, SP
livdomingos@paulinas.com.br

Rua XV de Novembro, 71 – Centro
Tel. 11 3106-4418 / 3106-0602
Fax 11 3106-3535
01013-001 – São Paulo, SP
liv15@paulinas.com.br

Av. Marechal Tito, 981 – São Miguel Paulista
Tel. 11 2297-5756
08010-090 – São Paulo, SP
livsmiguel@paulinas.com.br

Rua Luiz Gama, 87 – Centro
Tel. 11 4970-2740
07010-050 – Guarulhos, SP
livguarulhos@paulinas.com.br

BOOKPartners
Rua Vitor Angelo Fortunato, 439 – Jandira
Tel. 11 4772-0023
06612-800 – Jandira, SP
atendimento@bookpartners.com.br

• **PORTUGAL**

Multinova União Liv. Cult.
Av. Santa Joana Princesa, 12 E
Tel. 00xx351 21 842-1820 / 848-3436
1700-357 – Lisboa, Portugal

Distribuidora de Livros Vamos Ler Ltda.
Rua 4 de Infantaria, 18-18 A
Tel. 00xx351 21 388-8371 / 60-6996
1350-006 – Lisboa, Portugal

Editora Vozes
Av. 5 de Outubro, 23
Tel. 00xx351 21 355-1127
Fax 00xx351 21 355-1128
1050-047 – Lisboa, Portugal
vozes@mail.telepac.pt

Este livro foi composto nas famílias tipográficas
Charter ITC BT e *Vectora LH*
e impresso em papel *Offset 75g/m²*

FSC
www.fsc.org
MISTO
Papel produzido a partir de fontes responsáveis
FSC® C008008

Edições Loyola

editoração impressão acabamento

rua 1822 nº 341
04216-000 são paulo sp
T 55 11 3385 8500
F 55 11 2063 4275
www.loyola.com.br